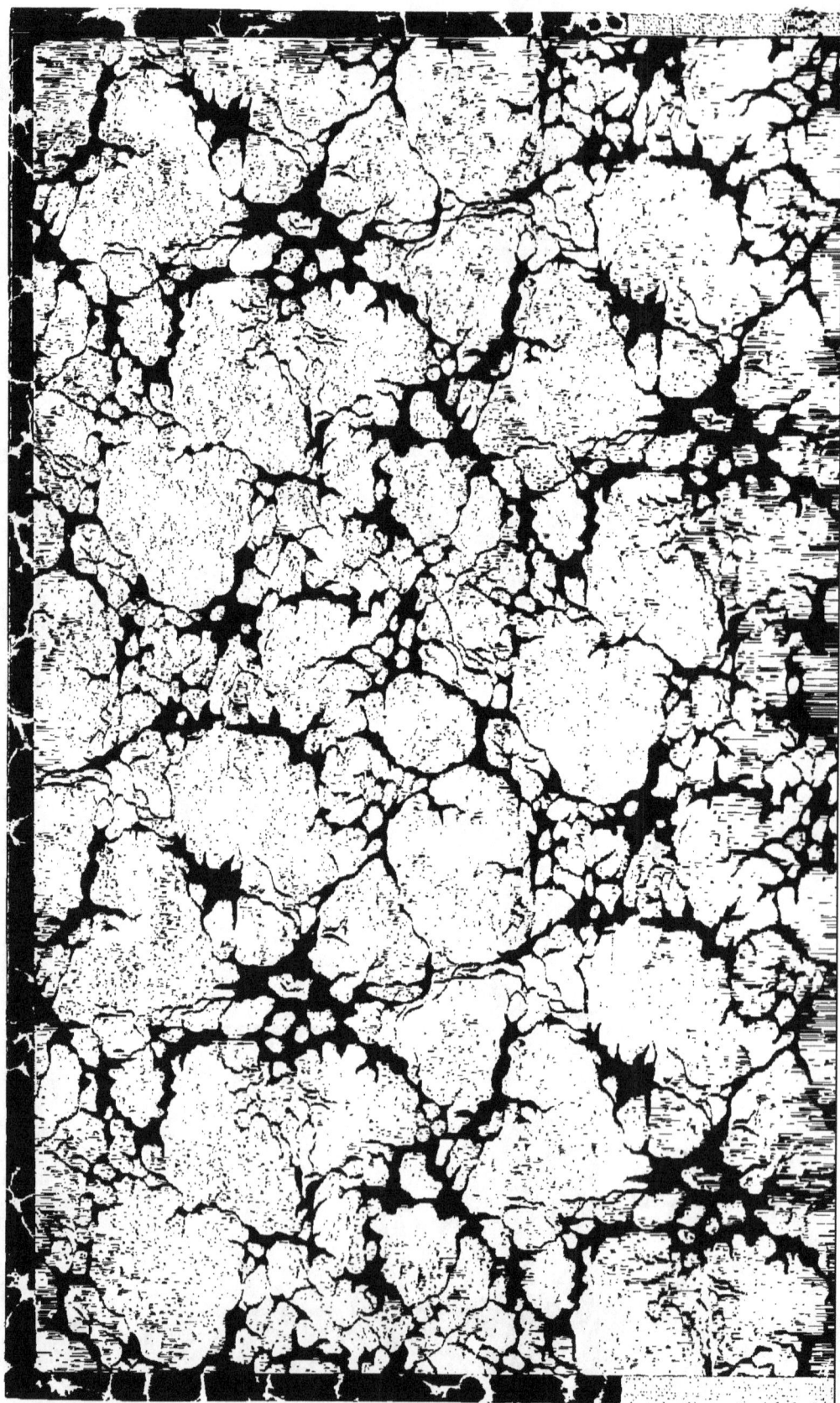

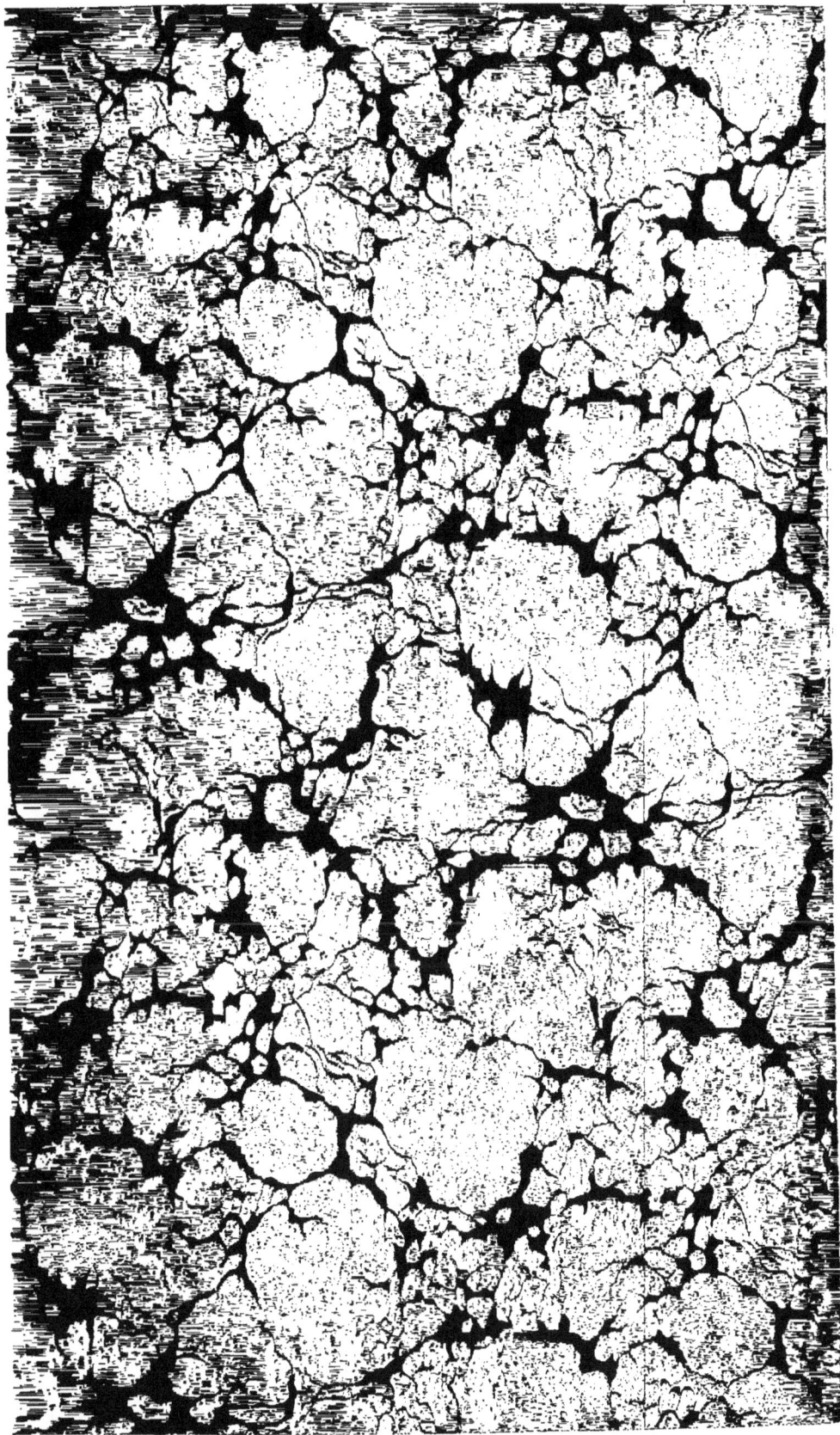

VIE

DE

MARGUERITE BORREY

VEUVE DE NOBLE CLAUDE RECY

EN RELIGION

FRANÇOISE DE BESANÇON

FONDATRICE DU TIERS-ORDRE RÉFORMÉ DE SAINT-FRANÇOIS
DIT DE LA STRICTE OBSERVANCE

PAR

M. L'ABBÉ DALLOZ

Curé de Notre-Dame, à Salins

TROISIÈME ÉDITION

SALINS

IMPRIMERIE LÉON BOUVIER

1886

VIE

FRANÇOISE DE BESANÇON

VIE

DE

MARGUERITE BORREY

VEUVE DE NOBLE CLAUDE RECY

EN RELIGION

FRANÇOISE DE BESANÇON

FONDATRICE DU TIERS-ORDRE RÉFORMÉ DE SAINT-FRANÇOIS
DIT DE LA STRICTE OBSERVANCE

PAR

M. L'ABBÉ DALLOZ

Curé de Notre-Dame, à Salins

TROISIÈME ÉDITION

SALINS
IMPRIMERIE LÉON BOUVIER

1886

Aux Religieuses de Ste-Elisabeth

C'est à vous, chères sœurs, que je dédie la
troisième édition de la vie de votre sainte fondatrice. Je n'ai rien épargné pour la rendre digne
de vous être offerte. En la lisant, vous vous sou-
viendrez devant Dieu, du modeste auteur dont
vous connaissez depuis longtemps les sentiments
de profonde vénération pour tous les membres
de votre pieuse communauté.

AVERTISSEMENT

DE LA TROISIÈME ÉDITION

C'est une troisième édition de ma modeste brochure que je publie aujourd'hui. J'ai ajouté à mon travail plusieurs documents qui ne manquent pas d'intérêt : d'abord, une lettre de M. l'abbé Morey. curé de Beaudoncourt ; ensuite les noms patronymiques des religieuses tiercelines qui se sont sanctifiées dans l'ordre, depuis sa fondation en 1604, jusqu'à la révolution de 1793 ; enfin, le testament de Marguerite Borrey, écrit six ans avant sa mort, et dans lequel le lecteur trouvera la curieuse nomenclature de plusieurs confréries qui existaient alors à Besançon, et auxquelles elle fait des libéralités.

Les deux précédentes éditions de mon livre, si rapidement épuisées, m'encouragent à en poursuivre la propagation.

C'est faire, du reste, une chose agréable à Dieu et utile au prochain que de conserver les actes de vertus de ceux qui nous ont précédés dans la vie : Périsse le souvenir des méchants et que Dieu soit glorifié dans ses saints.

Lettre de S. G. Monseigneur Nogret, ancien évêque de St-Claude, à l'auteur de la Vie de la R. M. Françoise de Besançon :

Cher Monsieur le Curé,

Je vous suis reconnaissant du gracieux envoi que vous avez eu l'attention de me faire de votre édifiante esquisse, ainsi que vous l'appelez, de la vie de la R. M. Françoise de Besançon. Je l'ai lue sur le champ, et plaise au Seigneur que j'aie fait cette lecture avec fruit !

Vous avez eu la bonne pénsée de conserver dans votre savante et intéressante étude le texte original des vieux manuscrits consultés. J'y ai trouvé un charme qui fait oublier le froid qu'on remarque assez fréquemment dans les productions modernes.

Telle certes n'est pas la vôtre et je vous en fais mes vives félicitations.

Agréez, cher Monsieur le Curé, avec mes remerciements, l'assurance de mon constant attachement en N. S.

† L.-A. NOGRET,
ancien évêque de St-Claude.

Monsieur et cher confrère,

C'est avec grand plaisir que j'ai lu la Vie de
Marguerite Borrey, en religion sœur Françoise
de Besançon, et je ne m'étonne pas que la faveur
publique vous oblige à en faire une édition nouvelle.

Les saints sont si rares de nos jours que nous
sommes heureux de retrouver les anciens mo-
dèles.

Les conditions matérielles de la vie ont quelque
peu changé, mais les passions et les misères
des hommes sont restées absolument les mêmes
et la grâce de Dieu est toujours aussi puissante
et aussi nécessaire qu'elle l'était jadis. Nous
aimons à trouver la preuve de cette vérité dans

la vie de ceux qui nous ont précédés sur la terre.

Les temps que nous traversons ne sont pas moins agités que ceux où vivait votre héroïne et le dévergondage de la libre pensée dépasse encore celui de l'hérésie du XVIe siècle.

Après avoir lutté généreusement pour conserver leur foi et résisté avec bonheur aux hérétiques les enserrant de tous côtés, nos aïeux ont commencé le grand travail de réparation qui marque l'épiscopat de Ferdinand de Rye. Ils appellent les ordres religieux à leur secours. Les Jésuites savants, les Capucins populaires et dévoués, les Carmélites vouées à la prière, les Visitandines, les Annonciades, les Ursulines enseignantes, les Tiercelines mortifiées apparaissent dans toutes nos villes ou bourgades et soutiennent le mouvement régénérateur, provoqué par les grandes luttes contre la Réforme. La vénérable mère Françoise de Besançon a tenu belle place dans ce mouvement et pourtant on ne parlait point d'elle, elle n'est pas même nommée dans la vie des Saints et personnages pieux de Franche-Comté; il a fallu vos patientes recherches pour mettre en lumière cette femme admirable dont les contemporains faisaient tant d'estime.

C'est par la voie des épreuves qu'elle est arrivée au salut et tout porte à croire qu'il n'existe pas d'autre chemin pour parvenir à la sanctification. Cette femme du monde, cette épouse délaissée qui est soutenue par la foi et réalise si bien la parole de l'Apôtre : *L'homme infidèle est sanctifié par la femme fidèle,* n'est-elle pas un exemple frappant pour une époque comme la nôtre, où le ministère de la femme devient un apostolat perpétuel? Cette mère et cette veuve qui trouve dans la religion, puis dans les austorités du cloître, la paix dont elle n'a pu jouir dans le monde, n'est-elle pas un modèle lumineux pour beaucoup d'âmes qui se plaignent du vide et de l'agitation de leur existence? C'est en Dieu seul qu'elles trouveront la paix; que ne reviennent-elles à lui?

Quand les luttes du xvi⁰ siècle furent finies, nos ancêtres se rapprochèrent de la religion. Il ne faudrait pas s'étonner après les luttes et les folies du xix⁰ de voir grand nombre d'âmes revenir à la foi et à la piété sous la conduite des persécutés d'aujourd'hui. Que d'illusions nous

verrons tomber ! Combien de systèmes et de
théories disparaîtront devant le vieux système
chrétien qui répète aux hommes : Tout est
vanité, excepté servir Dieu et l'aimer.

L'éducation chrétienne donnée par Marguerite Borrey à sa fille Oudette, qui devient à son
tour un prodige de vertu, n'est-elle pas un gage
de ce qui peut arriver dans notre société, quand
l'éducation chrétienne, pour laquelle on lutte si
vaillamment sur tous les points de la France,
aura triomphé et repris une vigueur nouvelle .

. . . .

Saint-Laurent de Brindes, qui visita Salins au
temps de la fondation de vos Tiercelines, vient
seulement d'être canonisé ; pourquoi les vénérables Jean de Maurienne, maître des novices aux
Capucins de Salins ; Françoise, des Tiercelines
de Salins ; Anne, des Ursulines de Dole ; Anatoile,
des Clarisses de Poligny, n'auraient-ils pas leur
tour, si le bon Dieu veut les glorifier ?

La haute initiation du Souverain Pontife Léon
XIII, protecteur des études historiques, les faci-
lités plus grandes de fouiller les archives encore
inexplorées du Vatican, peuvent amener d'un jour

à l'autre de précieuses découvertes sur nos saints
du xviie siècle. . . . .

. . . .

Quelle joie pour nous, quelle édification pour
nos compatriotes, si nous pouvions reconstituer
ces existences si dignes, si bien remplies, dont
les contemporains parlent avec tant d'éloges.

Ne désespérons point d'y réussir. S'il ne nous
est pas donné d'en venir à bout, d'autres conti-
nueront l'œuvre commencée et nous aurons du
moins apporté notre grain de sable dans le travail de reconstruction historique qui se fait ac-
tuellement, et tout partout, au profit de la vérité,
à l'honneur de l'Eglise.

Veuillez agréer, avec mes remerciements,
l'expression des cordiales sympathies avec lesquelles je suis

Votre bien dévoué serviteur.

J. MOREY,
curé de Beaudoncourt.

Beaudoncourt, 10 janvier 1884.

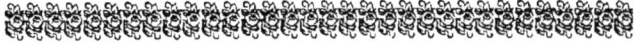

En 1876, je remarquai, dans une partie retirée du clocher de l'église de Notre-Dame, à
Salins, un coffre en bois de noyer, de 77 centi-
mètres de longueur sur 31 de hauteur et 25 de
largeur. L'état du bois vermoulu en plusieurs en-
droits, aussi bien que la forme des moulures du
couvercle, tout en démontrait l'ancienneté.

Aux deux extrémités, se voyaient des bandes
de soie verte, sur lesquelles étaient apposés des
sceaux en cire rouge. On y distinguait l'image de
sainte Elisabeth, reine de Hongrie, avec ces caractères : † S. CO. Sal. S. Elis. T. O. R. S. Fr.
Str. Ob., ainsi traduits : † *Sigillum conventùs
Salinensis Sanctæ Elisabeth Tertii Ordinis refor-
mati sancti Francisci strictæ observantiæ.* (Sceau
du couvent de Salins de Sainte Elisabeth du Tiers-
Ordre réformé de Saint-François, de la stricte
observance.

A la face antérieure du coffre était une planchette de noyer, peinte en noir, sur laquelle on lisait, incrustée en caractères romains de la fin du xviie siècle, l'inscription suivante :

Icy sot les ossemets de la R. M. Françoise de Besançon, Ire religieuse de la réforme de Ste Elisabeth, fondatrice de ce monas. et autres de la congrégation de Frace, laquelle après avoir vescu saintemet en l'Ordre IV ans, X mois, VIII jours, décéda le IV avril, 1609, et feut ensevelie dans le cloistre et tirez avec permission de nostre T. R. P. Provincial, le 5 avril 1686, par le R. P. Antoine de Lisle, Directeur de ce monastère de Salins.

La pensée me vint aussitôt de faire des recherches sur la vie et les œuvres de la pieuse servante de Dieu.

De précieux manuscrits, conservés au couvent de Sainte-Elisabeth à Paris, les papiers de la famille Borrey, qui forment un volumineux dossier aux archives du Doubs, et ceux du couvent des Tiercelines de Salins, déposés depuis

1792 aux Archives du Jura, ont été pour moi les sources de renseignements authentiques.

La plus scrupuleuse exactitude a été apportée dans la citation des faits, des textes et des dates. Les bornes de ce travail ne permettent pas de raconter tous les traits extraordinaires de la vie de la Révérende Mère Françoise, mais ce récit abrégé peut suffire à la faire connaître. Il serait aussi à souhaiter qu'il réveillât en Franche-Comté les souvenirs de certaines familles qui possèdent peut-être sur elle des documents ignorés.

VIE

DE LA R. M.

FRANÇOISE DE BESANÇON

I

A chaque époque, l'Eglise a produit des saints qui sont le témoignage de l'inépuisable fécondité de la foi. Ils furent surtout nombreux au seizième siècle, comme si Dieu eût voulu réunir toutes les illustrations de la sainteté, au moment même où la prétendue réforme de Luther étalait ses hontes et multipliait les ruines.

Chose digne de remarque, certains noms, « entourés jadis du respect et de la vénération » publics, sont aujourd'hui oubliés, presque » inconnus, et, en voyant le silence profond qui

» s'est fait autour d'eux, on se demande pourquoi
» ils furent autrefois si célèbres.

» Notre siècle, curieux de recherches histo-
» riques et avide de réhabilitions en tout genre,
» aura la gloire de répondre à ces questions et
» de mettre en lumière une foule de personnages
» anciens et méconnus qui ont également honoré
» la religion et la patrie (1). »

Parmi ces derniers, la Révérende Mère Borrey,
mieux connue sous le nom de Françoise de Besançon, est digne de fixer l'attention.

En effet, sa vie offre l'intérêt qui s'attache
toujours aux prédestinées dont Dieu se sert pour
accomplir de grandes œuvres.

Appelée à fonder un ordre religieux, cette
femme, douée d'une incontestable supériorité,
mais remplie de séductions, plaît d'abord au
monde et le monde lui plaît.

Pour la faire briller d'un pur et céleste éclat,
le Seigneur lui envoie la souffrance. Son mérite
personnel et l'expérience acquise, fortifiés du
don de Dieu, la rendent capable de guider les
âmes vers le saint asile qu'elle leur a préparé.

Après sa mort et jusqu'à ce jour, la vénérable
fondatrice continue à les y diriger; mais, hors
des murs du cloître, sa mémoire s'est presque

---

(1) *Notice d'Anne de Xainctonge*, par M. l'abbé Morey.

effacée. Dans de mystérieux desseins, et par la découverte de ses restes, Dieu semble avoir voulu lever lui-même le voile de l'oubli qui la couvrait.

Elle naquit à Besançon à la fin de l'année 1559. Son père était Antoine Borrey, et sa mère, qui se faisait gloire d'appartenir à la race de Saint Bernard, se nommait Françoise Jeantet; tous deux, fermes dans la foi, pratiquaient les vertus chrétiennes.

La famille Borrey donna des gouverneurs à la cité de Besançon (1), des chanoines au grand chapitre, des avocats et des conseillers au parlement de Dole, et justifia toujours sa devise : *Pro robore virtus* (2).

----

(1) Les gouverneurs de la cité impériale de Besançon, au nombre de 14, étaient choisis par 28 notables que les 7 cantons de la ville nommaient à l'élection.

Ils formaient « le Magistrat» de cette petite République et étaient souverains en leurs jugements.

Besançon possède dans sa « collection des jetons appartenant à » la Franche-Comté de Bourgogne » quatre pièces portant le nom des Borrey et les dates suivantes : 1624, 1625, 1628 et 1648.

(2) En 1666, un Borrey assista aux Etats de la province « et y eut » séance dans la chambre de la noblesse. »

Les armes de cette famille étaient : « d'azur au sautoir d'argent ; » — alias : écartelé au premier et quatrième de gueules au lion d'or, » au deuxième et troisième d'azur à trois bandes d'argent chargé en » cœur d'un écu d'azur au sautoir d'argent. »

Voici les noms de quelques familles alliées à celle des Borrey : Flusin, Alviset, Dalloz (de Saint-Claude, Jura), Depré de Cracy, Terrier de Mailleroncourt, de Vers, de Châtillon, de Charentenay, Maréchal, Chanoine, Pétrement, Fauche.

La dernière des Borrey, Jeanne-Thérèse-Marguerite, épousa, vers le milieu du xviiie siècle, Claude-Etienne Talbert de Nancray.

De même la vertu fut la force de celle dont
nous allons esquisser la vie.

Elle reçut au baptême le nom de Marguerite et
ne fut pas le seul enfant que Dieu accorda à M.
et à Mme Borrey. Ils eurent un fils qui épousa
Elisabeth Dart ou Darc, et deux autres filles,
Parise et Oudette, qui furent mariées, l'une à
Edmond Duguet et l'autre à Charles Dargent.

Marguerite Borrey avait reçu du Ciel les dons
les plus rares : « un esprit très subtil, un jugement
» fort solide et une mémoire fort bonne et heu-
» reuse en telle sorte quayant lusage de raison
» elle estoit admirée de tout le monde et ce qui
» la rendoit d'autant plus aymable estoit un
» esprit masle, guay, jovial, sociable et doux. »

Sur ce fonds, riche en qualités naturelles, Dieu
déposa le germe des plus éminentes vertus.

Sa mère se réserva exclusivement la tâche de
les développer, et elle y réussit pleinement par
» sa méthode bien différante de l'éducation ordi-
» naire. »

« Jamais on ne contraria la jeune Marguerite,
» mais tandis qu'on paroissoit empressé à la
» satisfaire, on lui faisoit examiner son désir ;
» s'il n'avoit pour objet rien d'utile ou de ver-
» tueux, on lui faisoit habilement sentir qu'elle
» se dégradoit ; dans l'instant sa vivacité s'étei-
» gnoit ; on lui répétoit sans cesse que les pas-

» sions doivent être esclaves de la raison et
» soumises à la vertu ; en conséquence de ce
» principe, on ne louait devant elle que les
» actions vertueuses. Tournant son estime et
» son affection à cet unique objet, l'enfant acquit
» par ce moyen l'heureuse habitude de tout
» sacrifier au devoir, dans un âge où les enfants
» ne connoissent ny devoir ny vertu. »

Sa vocation semblait devoir l'attirer vers le
cloître ; mais son père mit tout en œuvre pour
l'en détourner.

Tantôt il la conjurait de ne pas l'abandonner
dans sa vieillesse, et, s'appuyant sur des motifs
religieux, lui en faisait un devoir ; tantôt il la
menaçait de son autorité paternelle. Enfin,
repoussant d'une manière absolue les proposi-
tions de sa fille, M. Borrey lui annonça qu'il avait
décidé son mariage, et, pour éviter toute résis-
tance, il hâta la conclusion d'une alliance qui
paraissait réunir les plus grands avantages.

Marguerite avait alors 20 ans. « Elle était
» d'une assez petite taille, mais bien faite ; le
» visage un peu long, le nez aquilin, les yeux
» noirs et vifs, le teint brun mais clair, la bou-
» che belle ; le regard modeste et prudent. »
Etant enfant, une chute l'avait rendue légèrement
boiteuse, mais « elle ménageoit si bien sa marche
» qu'on avoit peine à s'en apercevoir. »

Elle fut unie à Claude Recy (1), « cavalier bien
fait et plein de feu », qui, bientôt, ennuyé de
rester en province et désireux « de paroître et
» de se distinguer prit le parti des armes dans
» les troupes du duc de Savoie et s'y avança
» d'abord par sa bravoure dans les premiers
» emplois. »

Les fêtes données à l'occasion des noces et
auxquelles assista « ce qu'il y avait de plus con-
» sidérable à Besançon » avaient modifié les
tendances de la jeune femme. En continuant à
paraître dans le monde et à y figurer d'une manière digne de son rang, elle prit un goût extrême

---

(1) La famille Recy, originaire d'Orgelet (Jura), s'est établie à
Besançon vers le milieu du xvɪᵉ siècle, époque à laquelle elle fut
anoblie, ce qui explique pourquoi les auteurs des manuscrits du
couvent de Sainte-Elisabeth, à Paris, placent toujours la parti-
cule ᴅᴇ devant le nom des Recy, tandis que dans les papiers du
monastère de Salins, comme dans ceux de la famille et dans les
actes notariés du temps, elle n'est employée nulle part. Pour établir
une uniformité nécessaire, elle ne sera reproduite dans aucune
citation.

Il est incontestable, du reste, que les Recy, comme les Borrey,
ont été toujours qualifiés « nobles. »

D'après l'armorial de la Franche-Comté, leurs armes étaient d'or
à une feuille de persil de sinople accompagnée de deux étoiles de
gueules en chef et d'un croissant de même en pointe.

Un frère de Claude Recy, épousa Mlle de Lorray, et sa sœur Suzanne, M. de Lisola.

Un descendant de Claude Recy est mort à Orgelet en 1818, à
l'âge de 88 ans, avec le titre de *Père des Pauvres*. Son arrière
neveu, le vénéré Monsieur Perrin parvenu au même âge, remplit
encore à Besançon les fonctions de vicaire général que lui avait
confiées le cardinal Mathieu.

aux parures, puis s'abandonna tout à fait à la
vie dissipée de la société qui l'entourait.

Un de ses historiens s'exprime ainsi : « Tout
» fut bientôt de joies et de divertissements chez
» Mme Recy ; son esprit vif et agréable la firent
» suivre et sa maison devint le rendez-vous ordi-
» naire de toutes les parties de jeux et de plaisir
» qui se faisoient dans la ville. »

Ailleurs il est dit qu'elle « voyait avec plaisir
» l'encens que lui prodiguait une foule de ces
» hommes méprisables dont la plus sérieuse
» occupation est de n'en point avoir ; elle enten-
» dait avec complaisance le bruit des lèvres
» trompeuses de ces adorateurs frivoles. Avide
» des hommages qui ne sont dus qu'à Dieu, elle
» enlevait à l'Être suprême le seul bien dont il
» est jaloux, et dans l'ivresse de Babylone elle
» oublia totalement Jérusalem. »

II

Quand Dieu a des vues sur une âme, « il ne la livre pas sans réserve aux joies de ce monde. Il lui choisit d'ordinaire une compagne plus austère : la douleur ». Mme Recy fut une « des victimes choisies de cette grande politique divine. » Elle tenait tellement au monde, qu'il fallut les plus fortes épreuves pour l'en détacher. La plus douloureuse, sans contredit, lui vint de son mari. Lorsqu'il revenait de l'armée, son retour était salué par de vives démonstrations d'une joie qui ne devait pas être de longue durée. Mme Recy ne tarda pas à s'apercevoir que de si fréquentes et si longues absences avaient singulièrement altéré et déplacé les affections de son époux, et qu'il rapportait à son foyer de déplorables habitudes de débauche, qui n'étaient que trop souvent alors le malheureux effet de la licence des camps. Il ne manquait pas de qualités

3

pourtant ; il avait du désintéressement, la rude franchise du soldat, et, par sa bravoure, il avait su conquérir l'estime du duc de Savoie. Mais en même temps sa vanité lui avait fait compromettre sa fortune. D'une violence de caractère sans pareille, ses accès de colère faisaient trembler tout ce qui l'entourait. Et, chose étrange, cet homme devant qui tout devait plier, était sous la dépendance d'une femme de mauvaise vie qu'il entretenait publiquement à Besançon même. Il est plus aisé de comprendre que d'exprimer les déchirements de cœur de Mme Recy, ainsi blessée dans sa dignité d'épouse.

Elle fut alors « noyée dans une amertume » inconcevable. »

Presque en même temps, elle vit mourir tous ses enfants (quatre filles en bas âge), puis son père et sa mère, « uniques dépositaires des » peines qui dévoraient une fille si chère.

Voilà donc cette jeune femme sans consolation et sans secours du côté des créatures ; mais sous l'action incessante de Dieu, et sous les coups redoublés de la douleur, elle sentit enfin le vide de l'existence qui avait été jusque-là la sienne et commença à revenir aux pieuses pratiques de ses jeunes années. Un dernier coup de la grâce acheva sa conversion. Un jour qu'elle assistait au sermon d'un Père franciscain sur les vanités du monde, les paroles éloquentes du prédicateur la touchèrent jusqu'aux larmes. Après l'instruction, elle rentra chez elle, déposa, pour ne jamais les reprendre, ses vains ajustements et se fit volontairement la servante des pauvres, des malades et des pécheurs.

Dans la première phase de sa vie, Mme Recy avait été, nous l'avons vu, « avide des hommages » qui ne sont dus qu'à Dieu, » aimant le beau tel que le monde le comprend et croyant le trouver où il le place.

Maintenant, purifiée par la souffrance, sanctifiée par la grâce, une sainte va se révéler (1).

Le constraste paraît complet. La seconde phase de sa vie se résume, en effet, dans l'amour compatissant de toutes les laideurs, de toutes les misères morales ou physiques. Et c'est là le trait caractéristique de sa vertu. Mais le contraste n'est qu'apparent ; car descendre à la laideur pour la transfigurer, c'est aimer toujours le beau, c'est l'aimer dans son type divin, tel qu'il nous est donné ici-bas de l'entrevoir à travers des ombres.

Dès lors, la vie de Mme Recy fut une suite continuelle de bonnes œuvres. On était sûr de la

_____

(1) Je déclare ne prendre ce mot que dans un sens restreint et ne vouloir en aucune sorte attribuer à la servante de Dieu la qualité de sainte. A l'Eglise seule appartient le droit de déclarer ceux qui sont saints.

rencontrer partout où il y avait des conseils à donner, des larmes à sécher, des aumônes à distribuer. A l'exemple du serviteur de l'Evangile, elle parcourait les rues et les carrefours, cherchant tous les déshérités de ce monde et les réunissant chez elle pour les secourir et les catéchiser.

Cependant, son retour à Dieu et le changement de sa vie furent tournés en dérision par ceux qui l'avaient le plus flattée. D'après les uns, elle perdait son temps ; d'après les autres, elle eût mieux fait de s'occuper de sa maison et de son mari. Rien n'était plus injuste que de telles critiques. En effet, ne négligeant aucun devoir, Mme Recy fut, dans toutes les situations auxquelles Dieu l'appela, un modèle de perfection rare. Voici le tableau de l'intérieur édifiant de sa maison : « Pourvu que Dieu fût bien servi, le reste lui » étoit indifférent. Mère de ses domestiques bien » plus que leur maîtresse, elle sembloit avoir » renoncé au droit de commander. Si quelquefois » elle étoit obligée de reprendre et de punir, » c'étoit d'une manière d'autant plus efficace que » l'humeur, le caprice, l'habitude n'y avoit au- » cune part. »

Le monde ne pouvait comprendre un tel exemple. On la crut « extravagante de jugement » et entièrement folle. »

Des parents de son mari, exaspérés de son nouveau genre de vie, voulurent même attenter à ses jours, et elle n'échappa à la mort que par une protection visible de la Providence. Elle n'en continua pas moins à faire ses délices des œuvres de miséricorde et à servir ceux que l'Eglise appelle, « dans son langage divin : » les membres souffrants de Jésus-Christ.

Son humilité lui faisait rechercher avec empressement les humiliations et les outrages.

Ceux qui la persécutaient n'en avaient que plus de part à sa charité et à ses prières.

Quant à M. Recy, sa « mauvaise humeur
» s'affirmait ordinairement à la vue de ce qu'il
» appelait momeries, ridiculités, petitesses d'es-
» prit, de Madame son épouse. Il l'apostrophait
» avec un ton et des épithètes inouies jusqu'alors.
» Ses brusques échapées ne lassaient point la
» douceur et le zèle de sa sainte épouse : Elle
» sollicitait ardemment sa conversion, et ne
» pouvait penser qu'en tremblant à ce coupable
» obstiné. On la voyait humblement prosternée
» aux pieds de l'auguste victime qui s'immole
» sur nos hôtels, la conjurer de jeter un regard
» de miséricorde sur cette âme si criminelle. O
» mon Dieu, s'écriait-elle dans les transports de
» son zèle, cette conquête est digne de vous !
» C'est un autre Augustin. Mes larmes seraient-

» elles moins efficaces que celles de Monique ?
» Frappez, Seigneur, cette épouse désolée, mais,
» je vous en conjure, sauvez cette âme à laquelle
» vous m'avez si étroitement unie. Eteignez, par
» l'onction de votre grâce, la flamme impétueuse
» d'une passion qui le dévore. Brisez de votre
» main puissante les liens de l'habitude ; fermez
» les plaies invétérées de cette âme criminelle.
» Votre sang est à nous, Seigneur ; et c'est par
» ce sang adorable que j'espère obtenir la grâce
» que je vous demande ; votre gloire y est inté-
» ressée ; sur qui, mon Dieu ! exerceriez-vous
» votre miséricorde si les hommes étaient moins
» coupables ? »

Pendant que le devoir militaire retenait M. Recy au loin, sa sainte épouse, alors qu'il lui était possible de s'adonner librement au parfait exercice de la charité, allait chercher celle qui lui avait si cruellement ravi le cœur de son mari pour pouvoir l'exhorter, et la ramener à une vie meilleure.

Mᵐᵉ Recy, du reste, avait un tact particulier pour retirer de l'ornière du vice les filles de mœurs dépravées. Elle les réunissait de nuit, pour leur éviter toute confusion, et leur tenait un langage auquel l'ascendant de sa vertu donnait une force irrésistible. Quand son zèle avait été couronné d'un plein succès, elle s'efforçait de

leur trouver des positions qui les missent à
l'abri de nouvelles rechutes.

A cet égard, les sacrifices ne lui coûtaient rien.
C'est ainsi qu'elle fit le voyage de Lyon pour en
placer une dans quelque maison de refuge. Ni
les frais ni les fatigues d'un long voyage ne
purent la retenir. Il s'agissait du salut d'une âme,
et, pour sauver une âme, Mme Recy aurait fait,
comme l'apôtre des Indes, le tour du monde.

Son dévouement à tous les genres d'infortunes
n'était pas moins grand ; la grâce qui remplissait
son âme lui donnait la force de surmonter toutes
les répugnances de la nature. C'est ainsi qu'elle
soigna, avec une joie extraordinaire, une femme
couverte d'ulcères et dont la vue seule faisait
horreur.

C'est avec le même zèle qu'elle se consacra à la
visite des possédés qu'on envoyait à Besançon,
de toute la province et des provinces voisines,
probablement à cause de la vertu divine attachée
au Saint-Suaire, conservé à la cathédrale.

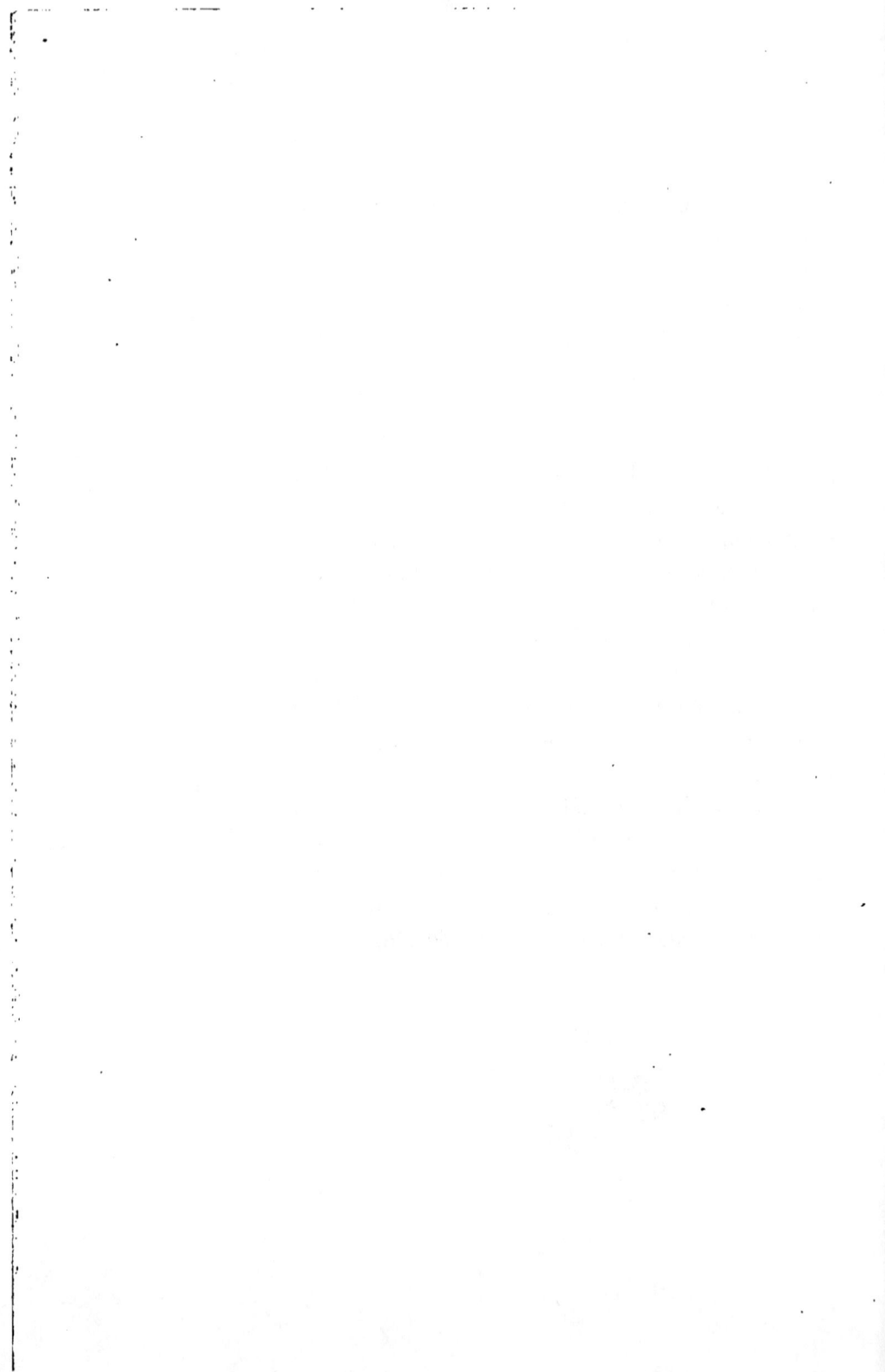

L est de foi que Dieu proportionne toujours les secours à l'épreuve. Le saint roi David affirme qu'il est près de toutes les infortunes, et voisin de tous ceux qui souffrent. A cette époque douloureuse de sa vie, Mme Recy « éprouva les douceurs de ce délicieux voisinage. » Dieu, témoin de sa fermeté et de sa constance, au milieu des plus rudes épreuves, lui fit trouver, dans la naissance d'une fille, une source d'ineffables consolations. Cette enfant de bénédiction, qui partagera, avec sa mère, la gloire de fonder un ordre religieux, vint au monde le 6 août 1589. Elle fut baptisée, sous le nom « d'Anthoine Oudette.

« Son père tout martial et qui, de la couche de » son espouse, n'avoit désiré qu'un fils pour les- » lever et advantager dans les armes selon les » faveurs qu'il avait en cour se voyant frustré

» des son attente en fust tellement indigné quil
» fust quatre ou cinq jours sans vouloir entrer
» en son logis ny veoir sa femme fulminant entre
» ses amis et camarades sur le malheur qu'il
» pensoit luy estre advenu en la naissance d'une
» fille ; mais l'importunité des parents layant
» contraint d'y entrer, à peine cût-il aperçeu
» ceste petite créature en son maillot, qui luy
» tendoit les bras luy sourioit et le caressoit de
» ses petites mains que tout ravy et pasmant
» d'ayse et d'admiration de veoir tant de lumières
» et de graces reluire dans le visage et les yeux
» de ce petit ange incarné que Dieu venoit de
» mettre au monde, il resta tellement satis-
» fait et ses passions martiales tellement apaisées
» que, rendant grâce à Dieu de tout son cœur
» d'un si riche présent, il luy demanda humble-
» ment pardon de sa vanité protestant hautement
» qu'il tenoit cette fille si chère quil ne voudroit
» pas l'eschanger à une douzaine de garçons
» fussent-ils tous généraux d'armée.

» Ceste première complaisance paternelle as-
» sistée de la grace fit aussy dès lors une telle
» impression dans lesprit de cet homme guerrier
» que depuis tant qu'il a vescu lorsqu'il estoit
» affligé mal content ou irrité personne ne le
» pouvoir remettre ou apaiser sinon cette chère
» fille laquelle avoit un tel ascendant sur ses

» humeurs quelle pouvoit innocemment luy dire
» toutes ses vérités sans quil s'en faschât en
» façon quelconque tant Dieu prend plaisir de se
» jouer de la fureur des hommes par l'innocence
» des enfants qui sont à luy dès le sein de leurs
» mères. »

A partir de la naissance de cette enfant privi-
légiée, Mme Recy commença à recueillir dès ici-
bas les fruits de ses mérites et de ses souffrances.

Elle se consacra entièrement à l'éducation de
sa fille, qui répondit d'une manière admirable à
ses soins.

A peine Oudette « savait-elle marcher et par-
» ler que les grâces naturelles se développant
» comme les feuilles d'un bouton de rose au
» lever du soleil chacun accouroit pour la con-
» templer comme un chef-d'œuvre de la nature
» tellement que ceux qui ne se pouvoient lasser
» de la voir la dérobant furtivement à sa mère
» la mettoient souvent en peine de la chercher. »

« Mais ce ne fut rien au prix de ce qui parut
» incontinent après au petit jardin de son âme
» lorsque cette sainte mère l'eut constituée
» tant de ses instructions que de ses exemples. »

Mme Recy associa, en effet, Oudette, dès ses
plus jeunes années, aux actes héroïques de sa
charité. Un jour elle lui ordonna, comme le

raconte naïvement un de ses panégyristes, « de
» tuer tout le vermine qui estoit sur le corps
» d'une vieille femme laquelle sembloit plustôt
» un corps en fumier ou du fumier formé en
» corps que non pas une personne vivante. »

Le même écrivain parle d'une vision dont cette
enfant fut favorisée. Comme elle était en prière,
« son doux Jésus lui apparoissoit en forme d'ado-
» lescent beau et ravissant, l'appeloit à son ser-
» vice et luy demandoit si elle ne vouloit pas bien
» être son épouse ; mais l'innocence de son aage
» luy ayant fait doubter si cela venoit point de
» quelqu'un du dehors, ou de quelque fausse
» illusion, elle eust recours à sa bonne mère et
» luy fist ingénuement le récit de ce qu'elle avoit
» veu et entendu pendant son oraison : cette femme
» qui estoit fort expérimentée en telles pratiques
» spirituelles ayant considéré le temps le lieu les
» circonstances du subiect et surtout laage de sa
» fille et ses aultres attraits quelle avoit ja re-
» marqué par plusieurs fois elle luy fist co-
» gnoistre comme le Grand-Prestre Héli au jeune
» enfant Samuel que cela estoit une vocation
» d'en haut qui la regardoit particulièrement et
» que partant elle estoit tenue et obligée dy cor-
» respondre fidellement se tenant surtout en
» une profonde humilité sans se descouvrir légè-
» rement à personne au cas que telles faveurs

» luy fussent continuées... ne voulant pas que
» sa fille mit jamais en oubly ce qu'elle debvoit à
» Dieu par le moyen d'une vocation si singulière
» ayant le talent de composer des vers elle luy
» en fit un cantique spirituel que les anciennes
» de ce monastère luy ont plusieurs fois entendu
» chanter avec un air fort dévost et religieux. »

Les grâces que Dieu accorda à Oudette sont
aussi nombreuses qu'extraordinaires ; peut-être
un jour l'histoire de sa vie sera publiée, et cette
prévision empêche de s'étendre davantage sur la
fille, dans un récit particulièrement consacré à
la mère. Revenons donc à celle qui eut la gloire
d'enfanter un tel prodige de sainteté.

L'admiration et le respect de tous lui étaient
enfin acquis. Son humilité n'en paraissait que
plus complète ; avec elle, grandissaient ses
autres vertus et son ardent amour pour Dieu.

« Ce n'était plus comme autrefois une étin-
» celle cachée sous la cendre, c'étoit un tour-
» billon ardent capable d'embrâser les cœurs. »

Le soin du salut des autres ne lui faisait pas
négliger celui de sa propre perfection. Un cilice
et une ceinture armée de clous mortifiaient sa
chair.

Ses veilles prolongées étaient consacrées à la
prière, et lorsqu'elle avait une grâce à solliciter
du Seigneur, elle se prosternait au pied de son

crucifix, puis ne se relevait qu'avec l'assurance d'être exaucée.

Mme Recy s'était fait un oratoire de sa chambre, et y avait placé une statue de la Vierge. Cette statue, qui venait de ses parents, et pour laquelle, à leur exemple, elle avait une dévotion toute particulière, a été l'instrument dont Dieu s'est servi pour lui manifester plusieurs fois ses volontés.

Le Seigneur, du reste, comblait sa fidèle servante de faveurs.

Ne pouvant garder complètement le secret de ses visions, elle semblait parfois « habiter plus » tost les cieux que la terre et souvent comblée » des divines lumières on la vue extasée et faire » des gestes qui témoignoient de grande vue et » union divine en cette âme laquelle proféroit » des paroles tant enflamées et fervantes quelle » donnoit chaleur aux âmes les plus tièdes. »

Souvent on l'entendait dire et même chanter avec la plus grande ferveur :

« Mon Dieu, quand vous verrai-je ? Vous me » rendrez contente d'aultant que je ne désire que » vous et ne peux me satisfaire sinon en la pleine » possession de votre divine essence. »

En même temps, elle redoublait de mortifications, dans le but d'obtenir les deux conversions qui étaient si chères à son cœur.

Dieu ne put les lui refuser plus longtemps. La malheureuse qui possédait encore les affections de son mari, étant tombée dangereusement malade, fut entourée par elle de soins si assidus que, touchée enfin d'une bonté si extraordinaire et si persistante, elle se laissa ramener à de meilleurs sentiments et mourut chrétiennement, entre les bras de l'épouse qu'elle avait tant offensée, terminant ainsi, dans le repentir, toute une vie coupable.

Cette conversion fut bientôt suivie de celle de M. Recy. Jusque là il avait contrarié non-seulement tous les pieux exercices de sa femme, mais encore la vocation de la jeune Oudette, que, dans des vues ambitieuses, il voulait marier le plus promptement possible. Le changement de cet homme irascible et intraitable fut complet.

Comme par miracle, sa fille fut laissée libre de répondre à l'appel de Dieu. Mme Recy eut la même liberté. Depuis longtemps elle sentait renaître, plus vivace que jamais, ce désir de la vie religieuse que la volonté paternelle avait violemment étouffé dans sa jeunesse.

M. Recy « consentant à un saint divorce libre-
» ment luy donne congé de suyvre sa fille et de
» se rendre religieuse avec elle emportant de sa
» maison tous les biens et les moyens qu'elle
» voudroit pour y subvenir se réservant comme

» un autre Alexandre la seule espérance qui fut
» à la vérité une résolution bien hardie mais
» salutaire pour son âme puisqu'il avoit à mourir
» sitôt après comme il fit avant que sa femme
» fust en estat de faire la profession religieuse
» qui fust un trait de providence admirable tant
» pour la mère que pour la fille. »

Cette mort arriva en 1603.

Dégagées de tous liens terrestres, Mme et Mlle Recy ne songèrent plus qu'à faire choix de l'ordre dans lequel elles devaient entrer.

Sans faire connaître ses intentions, Mme Recy se mettait au fait de la règle et des usages des différentes communautés, dans lesquelles sa haute piété lui donnait un libre accès.

Elle semblait devoir être attirée de préférence vers les Clarisses. Sa dévotion à Saint François d'Assise, la proximité de la chapelle de ce couvent (1), ainsi qu'une sympathie particulière pour les religieuses, lui avaient fait prendre l'habitude de passer de longues heures dans la chapelle des sœurs de Sainte-Claire. C'était là qu'aux pieds des autels, elle satisfaisait son brûlant amour pour le Dieu de l'Eucharistie.

---

(1) Mme Recy habitait à Besançon une maison « proche les Cor-» delières » qui touchait « devers soleil levant ung treige, couchant » la rue commune ; vent une maison deppendant de certaines cha-» pelles et bise une ruelle. » Cette maison fut vendue plus tard par le couvent des Tiercelines de Salins à Mlle de Grospain.

Tout fait supposer que cette maison est celle qui est à l'angle de la rue Saint-Vincent et de la rue de l'Arsenal ; au moins existait-elle à cet emplacement.

C'était là encore, qu'avant d'être fondatrice d'un ordre, elle aspirait à dormir son dernier sommeil.

Nous trouvons ce vœu exprimé dans un de ses testaments, daté du 9 juillet 1603 (1).

Il y est dit : « j'eslis la sépulture de mon corps » et voulx icelluy estre inhumez en l'église et » couvent des révérendes sœurs de Sainte Claire » de ceste citez de Besançon, au piedtz du grand » Crucifix de l'église, ou a telle place qu'il plaira » aux révérendes mères abbesse et religieuse » dud. couvent. »

Les Clarisses, de leur côté, désiraient ardemment que Mme et Mlle Recy se décidassent en faveur de leur monastère. Elles en firent même la proposition à la jeune Oudette, quoique la délicatesse de sa santé et celle de sa mère fussent un grand obstacle à leur réception dans un ordre aussi sévère.

Mais, après de mûres réflexions, Mme Recy, qui ne sentait pas dans son cœur ce charme secret qui saisit et détermine avec une sorte de certitude, renonça complètement à cette idée.

---

(1) Il existe plusieurs testaments de Mme Recy : celui que nous citons plus haut ; un second du 13 août 1604, fait moins de trois mois après son entrée en religion, et un troisième du 10 mai 1605, daté comme le précédent de Vercel. Ce dernier reçut son exécution à la mort de la testatrice ; nous le donnons aux pièces justificatives dans ses principales dispositions. Nous citons aussi un important fragment du premier relatif à de pieuses fondations.

Elle et sa fille suivaient déjà la règle du Tiers-Ordre séculier de Saint François d'Assise et tous leurs désirs eussent été satisfaits si on leur eût permis de joindre à cette règle les vœux essentiels de religion.

Dans ce but, Mme Recy adressait au ciel les plus ardentes prières. A la fin d'une neuvaine, Dieu lui manifesta sa volonté.

Comme elle sortait de l'église, elle rencontra un enfant d'une grande beauté qui portait une balle de livres.

Sollicitée d'en acheter, la pieuse veuve saisit un volume, l'ouvrit et fut pénétrée subitement d'une émotion inexprimable. Ce livre était la Règle de l'Etroite Observance du Tiers-Ordre de Saint François que le Père Vincent Mussart venait d'appliquer en France à des communautés d'hommes (1).

---

(1) Saint François d'Assise a fondé trois ordres bien distincts :

Le premier est celui des Conventuels et des Récollets, d'où sont sortis les Déchaussés et les Capucins.

Le deuxième fut établi pour les femmes : la règle en est suivie par les Clarisses.

Le troisième, beaucoup moins sévère que les deux autres, convient aux personnes du monde de l'un et l'autre sexe, désireuses de servir Dieu d'une manière plus parfaite que le commun des fidèles.

C'est de ce troisième ordre séculier que prit naissance le troisième ordre régulier.

Le pape Léon X est le premier qui en ait appliqué la règle à des monastères d'hommes et de femmes, après l'avoir rendue propre à l'état religieux. De nombreux établissements l'embrassèrent bientôt dans diverses contrées ; mais dès 1594 elle fut déjà réformée en France

Après avoir dévoré des yeux le premier chapitre, elle tira à la hâte de sa poche « dix sols »
pour payer le petit marchand : il avait disparu.
Alors admirant la bonté de Dieu, elle baisa mille
fois le précieux volume et resta persuadée qu'il
était un don du ciel.

Désormais sa vocation fut fixée et sa pensée
constante eût pour objet la fondation d'une maison religieuse qui suivrait la règle de l'Etroite
Observance et se placerait sous la direction des
Pères de l'Ordre.

Ce dessein fut d'abord communiqué à Mlle de
Grandcey (1), qu'elle avait recueillie dans sa maison après l'avoir sauvée de la misère et du dé-
sespoir où la plongeait un interminable procès.
Cette demoiselle devait aussi à la direction éclairée de sa protectrice d'être devenue une chrétienne fervente et digne de partager la plus sainte
amitié.

Non contente de prendre les conseils de son

---

par Vincent Mussard pour être donnée à une congrégation d'hommes qu'il fonda sous le nom de Troisième Ordre réformé de l'Etroite
Observance.

Vincent Mussard établit son premier monastère à Franconville-
sous-Bois, diocèse de Beauvais, et en 1601 il fonda celui de Picpus,
où il mourut en 1637.

Sa congrégation posséda encore bien d'autres maisons, mais à la
Révolution elles furent détruites.

(1) Antoinette, fille de Claude de Grandcey, ou Grandsey, « seigneur de Grandmond-la-Mote, » et de Guillemette du Val.

amie, Mme Recy « consulta tout ce qu'il y avait de
» personnes savantes » autour d'elle.

Toutefois, chacun ne comprit pas qu'une si
sainte inspiration vint d'en haut, et il lui fallut
souffrir de nouvelles contradictions de la part de
ses parents et de ses amis. L'opinion publique la
condamna et l'Enfer suscita une ligue dans laquelle il prit une part manifeste.

En effet, dit la chronique, « le démon excita
» un tremblement furieux dans la maison de Mme
» Recy pendant qu'il y avoit une assemblée de
» charité, tremblement dont on ne s'aperçut
» point ailleurs et dont il resta chez elle des
» marques bien sensibles par le dérangement
» d'une croisée de son appartement qui resta
» penchée et tout à fait hors de sa place : elle
» seule ne fut point émue ; elle commanda tran-
» quillement au prince des ténèbres de rentrer
» dans l'abyme et le vacarme cessa à l'instant. »

Cependant les difficultés accumulées s'apla-
nirent peu à peu.

Mme Recy écrivit à Rome à M. Chaillet, ancien
secrétaire de son aïeul maternel, Humbert Jeantet, lequel avait « un emploi dans la chambre
» apostolique. » Celui-ci obtint du pape Clé-
ment VIII les bulles et les brefs nécessaires à la
fondation projetée.

Ces pièces furent présentées à « Monseigneur

Ferdinand de Longvi, dit de Rye, archevêque de
« Besançon, » ainsi que le petit livre contenant
la règle de l'Etroite Observance.

L'autorisation verbale, donnée le 8 janvier
1604, par le prélat, à la demande de Mme de Rye,
sa belle-sœur, au profit de Mme Recy, fut con-
firmée le 7 avril 1604.

Une sœur de Mme Recy lui avait offert, pour
l'établissement de la nouvelle communauté, un
terrain qu'elle possédait à Besançon, près de
Chamars. Cette offre fut refusée, par un rare sentiment d'abnégation, afin d'en faire profiter les
Pères Capucins qui n'avaient pas pu encore s'établir en ville. Au reste, comme la Sainte fondatrice préférait vivre dans un lieu plus retiré, M.
de Lisola, son beau-frère, lui acheta une maison
à Vercel, bourg des montagnes du Doubs. Le
contrat d'acquisition est du 25 avril 1604.

Claude de Rye, seigneur de Vercel, marquis
d'Ogliani, gouverneur de Franche-Comté pour
leurs Altesses Sérénissimes Albert et Claire-Eugénie (1), accorda aux futures religieuses leurs
lettres de bourgeoisie.

---

(1) L'archiduc Albert, fils de Maximilien II, d'Autriche, avait
épousé l'infante Isabelle-Claire-Eugénie. Après leur mariage, qui
eut lieu à Valence, en 1598, ils furent envoyés dans les Pays-Bas,
en qualité de gouverneur, par Philippe II, roi d'Espagne. La Franche-Comté fut soumise à leur administration. Ils étaient très popu-

La marquise d'Ogliani s'était déjà intéressée à elle et avait présenté une requête, en leur faveur, à l'infante Claire-Eugénie, souveraine de la province. Cette princesse, qui professait la règle du Tiers-Ordre séculier de Saint-François, se déclara leur protectrice, par une patente du 20 janvier 1604.

Sur ces entrefaites, M¹ˡᵉ Recy tomba gravement malade. Les médecins ne crurent pouvoir la sauver qu'en employant un moyen qui eût nécessité une longue suite de soins. « Madame sa Mère s'y » opposa absolument disant que ce remède était » inutile et qu'il lui serait même très incommode » dans les voyages qu'elle aurait à faire en France » pour y établir des monastères. On a jugé par » la suite que Dieu avait révélé à Mᵐᵉ Recy tout » le progrès de cet ordre. »

Il arriva ensuite plusieurs faits que nous reproduirons, d'après le texte naïf d'un des manuscrits,

---

laires à Salins, à cause des privilèges et exemptions accordés à la ville.

Pour perpétuer le souvenir de leur mariage, (ce qui se faisait du reste pour tous les mariages princiers, dans toute l'étendue du royaume d'Espagne), ils prescrivirent à l'autorité locale de planter un tilleul que l'on croit être la fille de la Chaux, si connue dans les environs. La foudre ayant partagé l'arbre en deux, épargna une Vierge qui y avait été mise par des bergers.

La reconnaissance d'un tel phénomène, dont l'authenticité a été constatée par un acte officiel déposé aux archives de la municipalité, donna lieu, plus tard, à l'érection d'une chapelle qui dépend de la paroisse de Notre-Dame.

mais brièvement pour ne pas dépasser les limites
que nous nous sommes prescrites.

Mme Recy, voulant savoir si on avançait les réparations de la maison de Vercel, y envoya Pierrotte Bullet, sa fidèle servante, la seule personne
qu'elle eût conservée à son service. Cette fille
ne connaissait pas la route : « Va, lui dit sa maî-
» tresse, il s'agit ici de la gloire de Dieu qui t'ai-
» dera. » Elle partit donc, arriva à l'entrée de
deux chemins, au milieu d'un bois, et ne sut lequel prendre : mais elle se jeta à genoux, puis
s'engagea avec certitude dans celui « qui la conduisit droit à Vercel.

Dans un second voyage, au milieu du même
bois, elle rencontra « un homme d'un regard
» affreux qui vint à elle, un poignard nu à la
» main et qui la menaça de l'égorger si elle ne
» condescendait sur le champ à son infâme pas-
» sion..... Elle lui dit d'un air altier : à quoy il
» s'exposait ; qu'il allait être saisi par des ar-
» chers.... le malheureux épouvanté laissa tom-
» ber son poignard et de frayeur se sauva de
» toutes ses forces dans le bois. »

A un troisième voyage, la pauvre fille trouva
sur son passage un ruisseau tellement gonflé par
les pluies que, sans un secours providentiellement amené, elle n'aurait pu le traverser.

Pendant qu'on s'occupait des préparatifs de

leur installation, Mme Recy achetait une pièce de
gros drap brun « tirant sur le minime, » et, aidée
de sa fille ainsi que de Mlle de Grandcey, elle
taillait et cousait leurs vêtements monastiques.

Le départ pour Vercel eût lieu dans les premiers jours de mai 1604. La sainte fondatrice
était accompagnée de sa fille, de Mlle de Grandcey,
de Mlle de Lisola, de Claudine Martelot, jeune
fille de Bletterans qu'elle avait élevée, et de
Pierrotte Bullet « qui ne voulut jamais la quitter. »

Le trajet se fit « sur une charette couverte
» d'une grosse toile. » Les futures religieuses,
accompagnées des larmes et des regrets des
pauvres de Besançon, furent reçues au milieu
des acclamations des habitants de Vercel et
comblées d'égards par le marquis et la marquise
d'Ogliani.

V

'installation fut courte et modeste, puisque le 27 mai 1604, jour de l'Ascension, tout était prêt aux nouvelles arrivées pour entrer définitivement dans la vie religieuse qu'elles n'avaient pas encore embrassée. Ce jour-là, après une austère pénitence et une retraite absolue, eut lieu la cérémonie de la vêture. La messe fût dite par le R. P. Bernardin Landvèche, visiteur général des pères conventuels, dans les duché et comté de Bourgogne. Après l'évangile, le P. Ciret, custode de la province de Comté, fit une touchante exhortation, appropriée à la circonstance.

Il était d'usage, dans ce temps-là, que les personnes qui embrassaient l'état religieux prissent pour cette cérémonie un parrain et une marraine, autrement dit, un père et une mère selon Dieu.

Le comte de Roussillon et sa mère, la marquise d'Ogliani, furent parrain et marraine de Mme Recy, alors âgée de 44 ans. Elle reçut la première le saint habit et changea son nom en celui de Françoise de Besançon. Ensuite, vint le tour de Mlle de Grandcey, qui eût pour parrain et marraine, le marquis d'Ogliani et la comtesse de Roussillon. Elle avait 30 ans. Son nom de religion fût « Chrestienne » ou Christine. Après avoir reçu le saint habit au pied de l'autel, les deux premières religieuses, une couronne d'épines sur la tête et un « flambeau blanc » à la main, furent solennellement conduites jusqu'à la porte du chœur.

Mlle Recy se présenta alors pour revêtir la livrée des épouses du Christ et prit le nom de Claire-Claude de Besançon, changé sans qu'on en sache le motif en celui de Claire-Françoise. Sa beauté et sa grande jeunesse (elle n'avait pas encore 15 ans) touchèrent vivement les assistants.

« Ce fut une espèce de confusion dans la » chapelle par le bruit des soupirs des uns » et des murmures des autres qui se récriaient » tous que c'était un meurtre de renfermer » une enfant si délicate, dans une maison si » austère. » Toutefois, Oudette ne cherchait qu'à « se cacher dans les trous de la pierre pour

» gémir avec la colombe sur l'aveuglement des
» hommes. »

Il n'est pas question pour elle de parrain et de
marraine, sans doute parce que sa mère changeait
sa maternité humaine en maternité selon la grâce.
Elle reçut, en effet, sa fille à la porte du chœur
et, l'embrassant au milieu des larmes de son allé-
gresse, lui adressa ces paroles : « Ah je mourrai
» présentement contente puisque le Seigneur
» m'accorde aujourd'huy la grâce que je luy ai
» demandée de vous voir revêtue de ce saint ha-
» bit ! Ne me regardez plus comme votre mère,
» puisque je serai désormais votre sœur. »

Claudine Martelot fut admise la dernière à la
vêture et reçut le nom de sœur Élisabeth de Bletterans. Elle n'avait que 14 ans. Son parrain fut
Nicolas Perrenot, chirurgien de Vercel, et sa
marraine, Mme Perrenot. Le chant du *Te Deum*
termina la cérémonie.

Mlle de Lisola ne prit l'habit qu'un peu plus
tard, et Pierrotte Bulet fut laissée en dehors
de la clôture afin de « vaquer aux petites pro-
» visions. »

Le lendemain, 28 mai, il fut procédé aux élec-
tions canoniques :

Sœur Françoise de Besançon fut nommée
prieure ;

Sœur Chrestienne de Grandcey, « vicaire ; »

Sœur Claire-Françoise de Besançon, « sacristine et tourière : »

Sœur Elisabeth de Bletterans, « dépencière. »

« Ces quatre religieuses, destinées à chanter
» l'office divin, furent dès lors nommées reli-
» gieuses pénitentes du troisième ordre de Saint-
» François sous l'invocation de Sainte Elisabeth,
» de Hongrie, ce qui leur a fait donner le nom
» de religieuses de Sainte-Elisabeth, et dans la
» Comté, celui de Mères Tiercelines. »

Il est dit de la règle, embrassée par Mmes Recy
et leurs compagnes, qu'elle prescrit « de porter
» la serge, de coucher sur la paille, avec des
» draps de laine, de faire maigre quatre fois par
» semaine. Outre le Carême, de jeûner depuis
» la Saint-Martin jusqu'à Noël et tous les vendre-
» dis de l'année ; de porter des vêtements gros-
» siers, des sandales de cuir ou de bois. » Les
Tiercelines « ne portent des chaussettes que l'hi-
» ver. Elles se lèvent à minuit pour dire les
» Matines, et faire l'oraison, d'une demi-heure,
» après matines ; et de trois quarts d'heure,
» après complies. L'esprit de la Règle est la
» Pénitence et l'Oraison ; la plus grande partie
» de ces mérites, est pour la conversion des
» pécheurs. »

Le travail manuel était obligatoire à certaines
heures.

Il n'était permis aux religieuses d'aller aux grilles qu'accompagnées, et, sans la permission de la supérieure, elles ne pouvaient parler les toiles tirées et ouvertes et le voile levé; mais la première année, ces règles ne furent pas rigoureusement observées et la clôture ne put être bien établie.

Quant au costume, les sœurs de chœur furent destinées à porter un grand voile noir d'étamine de cinq pieds de longueur et de trois pieds et demi de largeur, avec un plus petit de toile blanche, tandis que les novices et les sœurs converses ne mettaient qu'un grand voile blanc. Toutes avaient le scapulaire.

Comment peindre la ferveur qui régnait dans la petite communauté de Vercel, où la fondatrice « brillait comme un soleil par dessus toutes les » autres ? »

Elle était la première pour tous les pieux exercices du jour et de la nuit. Constamment unie à Jésus souffrant, l'excès de son ardeur lui faisait éprouver des anéantissements au cours de l'oraison et surtout pendant le saint sacrifice de la messe.

Remplie de douceur et d'attention pour ses chères filles, la sœur Françoise était pour elle-même d'une extrême rigidité et ne quittait point le cilice et la haire.

Elle se regardait comme « la plus vile de toutes » et se réservait les ouvrages les plus bas et les plus pénibles.

« Savante en l'art de la vertu elle ne la faisait
» pas consister dans l'extérieur sec et décharné
» d'une scrupuleuse exactitude ; c'était au cœur
» qu'elle en voulait, persuadée que le sacrifice
» du cœur est le seul hommage digne de Dieu.
» Elle précautionnait ses filles contre les spé-
» cieuses apparences des vertus pharisaïques
» qui n'ont souvent d'autres principes qu'un
» orgueil secret et déguisé. »

L'amour de la pauvreté l'empêchait de permet-
tre « qu'on blanchît les murailles des chambres
» des religieuses. Elle voulait qu'on fût propre
» sans affectation. »

« Ayant trouvé une jeune religieuse qui affi-
» chait de tenir sa guimpe bien tirée avec des
» épingles, elle la lui froissa entre ses mains
» luy disant avec douceur qu'elle ne devait cher-
» cher à plaire qu'à Jésus souffrant. »

Bientôt la province tout entière retentit du bruit des mérites de la sœur Françoise et beaucoup de postulantes vinrent frapper à la porte du monastère de Vercel ; mais la sage et prudente supérieure « s'attachait plus aux dispositions du
» cœur et de l'esprit qu'aux dots de celles qui se
» présentaient. »

« Sa confiance en la divine Providence et son
» détachement des biens périssables, lui fai-
» soient marquer plus d'empressement pour cel-
» les qui étoient le plus dépourvues des biens de
» la fortune ; elle ne recevoit des riches mêmes
» que de très petites dots, se proposant, dans
» la suite, lors que son monastère serait établi,
» de n'en plus exiger. »

L'intérieur de la communauté était plein de
charme. Une « franche familiarité » et une
« sainte gayté » y régnaient toujours. Les travaux les plus pénibles préparaient les religieuses
à l'oraison, et l'oraison les délassait de leurs
fatigues.

L'année de probation touchait à sa fin.

Avec l'esprit d'ordre qui la caractérisait, la
supérieure voulut que ses affaires temporelles et
celles de ses religieuses fussent réglées. Toutes
firent donc leurs testaments « pour ne laisser ny
» à la religion ny aux parents aucun embarras à
» demesler. »

La lettre la plus humble et la plus pressante
fut ensuite adressée au R. P. Landvêche pour
le prier de venir procéder à la cérémonie des
vœux.

Ce fut le 14 juin 1605 qu'il admit à la profession, la fondatrice et sœur Chrestienne de
Grandcey. La veille, il avait donné l'habit à deux

5

postulantes, Mlle de Loray et Mlle Bonne Bavoux, fille d'un notaire de Gray.

Claire-Françoise de Besançon, Elisabeth de Bletterans et Jeanne de Lisola n'ayant pas seize ans accomplis, virent leur profession différée.

La formule des vœux de ces premières religieuses a été conservée, et la voici telle qu'on l'a trouvée, signée de leur propre main :

« Je, Sœur N. de N., confesse et certifie à
» tous, que ce jourd'hui N. du mois de N. fête de
» St N. ai fait volontairement, sans autre influence
» que celle du St Esprit, et purement pour l'hon-
» neur et amour de Dieu, mon souverain et
» céleste Epoux, la Ste Profession entre les mains
» du R^d N. en la présence de toutes mes bonnes
» Mères et Sœurs de ce Monastère. En foi de
» quoi, j'ai écrit et soussigné ce que dessus, de
» ma propre main le susdit jour N.

» Sœur N. de N. »

Les cérémonies auxquelles ces différentes professions donnèrent lieu, redoublèrent la ferveur de la communauté.

Toutefois les épreuves ne tardèrent pas à en troubler la paix.

Le démon était jaloux de cette joie calme et pure.

Comme on creusait les fondations des murs de

clôture du monastère, les religieuses commen-
cèrent à être épouvantées « par des spectres et
» par des cris qu'on entendait nuit et jour. »
Puis les ouvriers « voyaient tous les matins leur
» ouvrage de la veille inutile le trouvant comblé
» et la terre disposée comme si on n'y eut pas
» travaillé, ce qui arriva plusieurs jours de
» suite et les obligea à quitter leur entre-
» prise. »

Pendant qu'on essayait de continuer les travaux, « une petite fille agée de cinq à six ans
» tomba dans les fondations. Les ouvriers qui la
» retirèrent, la crurent morte, la voyant sans
» sentiment. La Mère fondatrice étant accourue
» aux cris des ouvriers, prit cette enfant entre
» ses bras et l'ayant embrassée, elle revint tout
» à coup à elle comme si elle se fût éveillée et
» sourit contre elle. La fondatrice dit tout haut :
» cette enfant sera de notre ordre et sera fon-
» datrice d'un monastère, ce qui arriva en effet
» car elle prit le saint habit à Salins l'an 1615
» agée de dix-sept ans et fut élue l'an 1649
» supérieure pour l'établissement d'Arbois. »
Cependant tous les efforts de la supérieure ne
parvenaient pas à rassurer ses filles. Dieu qui les
voulait ailleurs, permit que la population les
regardât « comme des folles et des hypocrites. »
La marquise d'Ogliani les décria autant qu'elle

les avait louées. La calomnie se propagea et le
R. P. François Ramel, provincial des Pères
Conventuels, vint à Vercel pour s'informer des
faits.

« Il connut manifestement l'injustice criante
» que l'on faisait à ces saintes religieuses » et
résolut de les établir dans un autre lieu.

Du reste, cette décision se trouvait conforme
à la prescription du saint concile de Trente, qui
oblige de renfermer les monastères de filles dans
l'enceinte des villes.

C'est pendant la visite du P. Ramel que la
Mère Françoise se croyant, elle seule, par ses
péchés la cause des épreuves de la communauté,
demanda et obtint d'être déchargée de la supériorité.

La Mère Chrestienne de Grandcey fut alors
élue prieure, la Mère Claire-Françoise, vicaire et
tourrière. Quant à la fondatrice, la charge de
maîtresse des novices lui fut imposée. Personne
n'était plus capable de la remplir. Elle avait toujours excellé dans la direction et le maniement
des âmes comme dans le discernement des
vocations.

Mais son humilité n'était point satisfaite.

« On admirait cette vénérable mère respectant
» la souveraine autorité de Dieu dans toutes
» ses supérieures dire sa coulpe à la mère

» vicaire, sa chère fille. Celle cy ne voyait pas
» plutôt sa sainte mère à ses pieds qu'elle se
» levoit à la hâte pour se retirer. Mais la supé-
» rieure qui ne voulait pas dérober aux yeux de
» sa communauté un spectacle aussi édifiant lui
» ordonnait de rester, ce qui, en favorisant l'hu-
» milité de la mère Borrey, faisait beaucoup souf-
» frir celle de sa chère fille. »

L'incertitude du sort réservé à l'ordre qu'elle
avait fondé, lui faisait demander à Dieu, s'il était
agréable à son cher fils.

Un jour qu'elle priait ainsi, avec larmes,
devant cette vierge qu'elle avait apportée de
Besançon à Vercel, comme le seul trésor et le
seul héritage de famille auquel elle fût attachée,
« cette statue lui parla, la consola et luy dit de
» ne rien craindre, » puis ajouta que la volonté
de Dieu n'était pas « qu'elle fit son premier éta-
» blissement à Vercel ; qu'elle luy destinait un
» autre lieu qui en serait le chef et d'où il se
» répandrait dans les principales villes de cette
» province et ensuite dans toute la France. »

Cette faveur serait toujours restée ignorée, si
celle qui en a été l'objet n'avait cru devoir la
révéler à la mère de Grandcey, pour calmer ses
alarmes. Bientôt, du reste, le P. Ramel vint leur
apprendre que la communauté allait quitter le
modeste bourg de Vercel pour une ville alors

célèbre et florissante. Salins, en effet, semble
avoir été la ville sainte du Jura. A ces nombreuses
églises, dans une cité si étroite, on voit encore
quel rôle y joua, dès l'époque romane, la religion.
Aujourd'hui même, le visiteur surpris de cette
foule de clochers, y cherche une cathédrale
absente. C'était donc le vrai séjour d'un ordre
nouveau, mais déjà solidement établi.

VI

LES démarches faites par le Père Provincial dans le but d'obtenir que les religieuses pussent changer de résidence, avaient pleinement réussi.

« Etant venu vers le commencement de Sep-
» tembre à Salins pour y faire la visite du cou-
» vent des Pères Conventuels, il fut inspiré de
» demander cette grâce à Messieurs du Magis-
» trat de cette ville. Tous s'y portèrent avec
» empressement. Ce qui marquait l'accomplis-
» sement de la promesse de la Sainte-Vierge. »

A l'assemblée tenue le 21 septembre 1607, dans la grande salle du Puits à muire de la petite Saline, le Mayeur (Philippe Marchand, seigneur de la Chatelaine et capitaine de Salins), les échevins et les notables des paroisses de

Saint-Anatoile, Saint-Jean, Notre-Dame et Saint-
Maurice accordèrent aux religieuses Tierce-
lines de Vercel la permission de s'établir à
Salins.

« Cette ville, dit à ce propos le manuscrit du
» monastère de Dôle, conservé à Paris, a tou-
» jours été remplie d'une très-bonne et très-
» nombreuse noblesse ; c'était elle qui par un
» fond d'honneur et pour le bien public se don-
» nait la peine d'y régler la police et qui y con-
» servait le bon ordre qu'on avait de la peine à
» trouver ailleurs. On ne parlait du Magistrat
» de Salins qu'avec un éloge peu commun autre
» part. »

L'importance des établissements religieux que
possédait la ville à cette époque était déjà considérable, mais il est curieux de remarquer qu'on
n'y avait encore établi aucune communauté de
femmes.

En effet, les Carmélites ne s'y installèrent
qu'en 1627 ; les Ursulines, à peu près à la même
époque ; les Clarisses en 1638, et les Visitandines
en 1643.

Il existait un couvent de Frères mineurs conventuels ou Cordeliers et des Capucins. Quant
aux abbayes, prieurés, ermitages, hospices et
autres établissements paroissiaux ou de bien-
faisance, ils formaient à eux seuls une grande

partie de Salins et en faisaient la gloire. La Révolution a passé là (1).

Le 22 octobre 1607, l'archevêque de Besançon
autorisa la translation du monastère de Vercel.

Aussitôt le P. Ramel et un autre religieux
allèrent chercher la Mère de Grandcey qui arriva
à Salins, les derniers jours de ce même mois,
avec les Mères Claire-Françoise et Bonne-Antoine
de Gray. « Messieurs de Salins accompagnés du
» clergé furent les recevoir à la porte de Cham-
» benoz où monsieur le mayeur leur fit l'hon-
» neur de les complimenter de la part de la ville
» et leur marqua la joie commune qu'on avait
» de les voir se fixer parmi eux. »

Au milieu des bénédictions de la foule, les
religieuses se rendirent processionnellement à
l'église paroissiale de Notre-Dame (2), où fut

---

(1) L'abbaye de Gouailles, près Salins, avait cessé d'exister
avant 1789. L'ermitage de St-Anatoile fut converti en fortifica-
tion par les ingénieurs espagnols ; de même celui de St-Jean,
détruit au temps de Louis XIV, lors de l'agrandissement du fort
Saint-André ; enfin, l'hospice St-Bernard était réuni au Saint-
Sépulcre encore existant à l'époque de la Révolution.

(2) L'Église paroissiale de Notre-Dame, qu'il ne faut pas con-
fondre avec la chapelle votive : Notre-Dame Libératrice, remonte
à la plus haute antiquité.
Dès les premiers siècles du christianisme, à l'endroit même où
elle s'élève, les fidèles se réunissaient, pour la célébration des
saints mystères, dans un temple païen, purifié de ses idoles.
Ce temple disparut pour faire place à un monument chrétien dédié à Notre-Dame, à l'époque même où, sur le tombeau

donnée la bénédiction du Saint-Sacrement, et ensuite à l'hôpital des pélerins de Saint-Bernard (1) où elles s'installèrent provisoirement. « Messieurs du Magistrat » avaient jugé à propos de leur choisir cet asile « à la considération de la » Révérende Mère Fondatrice qu'ils savoient » descendre de la famille de Saint-Bernard. »

La Mère de Grandcey se préoccupa immédiatement de trouver un emplacement où l'on pût bâtir un monastère. Elle noua des négociations avec les « seigneurs du Palouset » et acheta le vieux château de ce nom (2), pour la somme de seize cents francs.

Déjà, à leur arrivée à Salins, en 1582, les

de St-Anatoile, s'élevait cet édifice qu'admirent ceux qui le visitent.

L'Eglise de Notre-Dame rivalisait alors, avec celle de St-Anatoile, par l'ampleur de ses nefs, la multiplicité de ses Chapelles et les décorations dont le souvenir est conservé dans les archives.

A la fin du XVIIe siècle, comme elle tombait de vétusté, les paroissiens de Notre-Dame la réédifièrent de leurs propres deniers, dans la forme où nous la voyons aujourd'hui.

L'incendie de 1825 qui la détruisit en partie, ne fit que réveiller le sentiment religieux de la population, qui témoigna une fois de plus de son attachement pour son église.

(1) L'hôpital Saint-Bernard était une succursale de l'hôpital du grand Saint-Bernard de Monjoux, dans les Alpes, fondé par Bernard de Menthon, pour les pélerins se rendant de France à Rome. Les maisons Joly et Pacoutet, reliées entre elles, formaient cet établissement.

(2) Ce nom lui venait d'une ancienne et noble famille du Bourg-le-Comte, à Salins.

capucins avaient désiré faire cette acquisition, mais on en exigeait cinq mille francs, ce qui était, pour l'époque, un prix trop considérable (1).

Chose digne de remarque : « la mère Borrey, » par humilité, ne voulant pas s'établir à Besan- » çon, y cède, aux Révérends Pères capucins, » le très beau fond que Madame sa sœur, lui » donnoit pour cela. A Salins, elle obtient ce que » les Révérends Pères Capucins avaient en vain » désiré pour leur propre compte ! »

L'acte d'acquisition des « meix, maison, ver- » gier et jardin sis en la rue de Chambenoz et » appelés le meix Palouset, » est du 8 novembre 1607.

Les vendeurs étaient François de Chastenay, baron de St-Vincent, et Marguerite-Alexandrine de Gilley, sa femme, seigneur et dame d'Aigle-pierre, Villers-Farlay, etc.

Prévenue aussitôt de cet achat, la Mère fonda-trice laisse sa procuration à Nicolas Comte, notaire à Vercel, pour vendre le premier établis-sement (2) et se met en route pour Salins, avec les autres religieuses.

(1) Les Capucins n'ayant pu acheter le vieux château du Palouset, furent admis, en 1584, à se fixer au faubourg St-Pierre et autorisés à démolir la vieille église de ce nom, puis à en rebâtir une nouvelle.

(2) Il fut acheté par le noble sieur de Mallarmay, seigneur de Loray, comte de Roussillon.

A son départ, tous les bons sentiments des
habitants du bourg se réveillèrent. N'était-elle
pas leur refuge dans leurs afflictions? Ne paci-
fiait-elle pas toujours leurs différends? « Tous
» pleuraient se croyant perdus parceque leur
» mère commune les quittait. »

On a remarqué que Vercel, où les incendies
étaient très fréquents, a été complètement épargné pendant les trois années que la Mère Françoise y a passées, et que plus tard son monastère,
abandonné et vendu à des laïques, fut encore
préservé providentiellement dans deux incendies
arrivés en 1692 et en 1718. Bien longtemps il
conserva le nom de « maison des saintes dames. »

La R. M. Françoise « qui fuyait partout le faste
» et l'honneur » arriva à la nuit tombante à
Salins. C'était le 11 novembre 1607. Le « Mayeur »
avait pris toutes les mesures pour l'accueillir
avec honneur ; mais il céda à son désir d'entrer
dans la ville « en silence et incognito. » Le lendemain, les « principaux du Magistrat, » le prévôt
de Saint-Anatoile, accompagné de son chapitre
» et des processions du clergé de Salins, » vinrent la visiter.

Sa sainteté éclatait à tous les regards. On ac-
courait vers elle afin d'être édifié ou secouru de
ses conseils.

La R. M. Françoise obtint de nombreuses

conversions, surtout parmi les personnes de son sexe.

« De très habiles théologiens voulurent la
» voir par curiosité et ils en furent si frappés qu'ils
» disaient tout haut que c'était une sainte
» éclairée des plus vives lumières du Saint-
» Esprit et qu'ils n'avaient jamais rien ouï de
» plus sublime ny en même temps de plus éclairé
» et de plus saint que ses sentiments et que ses
» entretiens. »

En 1608, Saint François de Sales, ayant été chargé par le souverain Pontife de négocier entre l'archiduc Albert et le clergé de Bourgogne un échange relatif aux salines de Salins, vint dans cette ville.

« On voulut, dit l'un de ses historiens,
» M. Hamon, lui faire voir les Salines ; mais,
» plaçant au-dessus de toute satisfaction natu-
» relle un service rendu à une âme dans l'ordre
» du salut, il aima mieux employer le temps à
» conférer de choses spirituelles avec une dame
» éminente en piété et une communauté reli-
» gieuse que de le dépenser à repaître une vaine
» curiosité. »

Ne serait-il pas permis de supposer qu'il est ici question de la R. M. Françoise et de son monastère ?

Dans tous les cas, la sainte fondatrice était

digne des préférences du grand évêque de Ge-
nève. En elle il aurait rencontré cet esprit pra-
tique uni à la plus haute expression de la vie
contemplative, qu'il devait tant apprécier plus
tard dans Mme de Chantal.

Jamais le goût et la science des choses surna-
turelles ne firent négliger à la Mère Françoise le
soin des affaires temporelles. C'est ainsi qu'elle
s'occupa personnellement et avec une grande
activité de hâter, malgré la mauvaise saison, la
construction d'une chapelle au Palouset.

L'archevêque de Besançon députa M. Colin,
curé de Notre-Dame, pour bénir cet édifice ainsi
que le cimetière, et y planter une croix. En même
temps il accorda 30 jours d'indulgences à tous
ceux qui contribueraient aux travaux et assiste-
raient à la cérémonie.

La pose de la première pierre eut lieu le 17
novembre 1607, et, « comme tout le monde se
» portait avec zèle à l'avancement de cette cha-
» pelle, elle fut bientôt achevée. » On y conduisit
solennellement les religieuses le 21 décembre
1607, fête de Saint Thomas, apôtre, après la
bénédiction du saint Sacrement, donnée dans
l'église Notre-Dame.

Comme la Mère Françoise franchissait le seuil
du nouveau sanctuaire, elle vit « à l'entrée de
» la chapelle Jésus-Christ sous la forme d'un

» beau jeune homme qui introduisait les reli-
» gieuses l'une après l'autre en leur donnant à
» chacune sa bénédiction, mais qu'il avait beau-
» coup plus fait de caresses à la mère Claire-
» Françoise, fille de la Mère Fondatrice, qu'à
» toutes les autres. »

La grand'messe fut célébrée par M. le curé de
Notre-Dame, et la chapelle mise, selon le désir de
la R. M. Françoise, sous le patronage de sainte
Elisabeth, de Hongrie.

De ce jour les religieuses s'installèrent au
Palouset ; mais les bâtiments étaient en si mauvais
état, qu'elles souffrirent toutes les intempéries
de la saison. Le toit les garantissait si peu que,
souvent, la neige « couvrait leurs petites couches
» qui n'étaient que de simples paillasses à
» terre. »

Au milieu de ces incommodités, elles étaient
heureuses, et donnaient l'exemple d'une grande
régularité.

« Après qu'elles eurent payé les seize cents
» francs à Messieurs du Palouset, il ne leur res-
» tait que quinze sols dont elles achetèrent une
» toile noire pour fermer leur chœur du côté de
» la chapelle et leur servir de grilles. »

Sans la charité des Salinois, tout leur aurait
manqué.

Il était à craindre que cette pauvreté si rigoureuse ne diminuât le nombre des vocations, mais la communauté ne tarda pas à s'augmenter. Les dots des nouvelles venues servirent à payer les ouvriers et à entreprendre des réparations indispensables.

La Révérende Mère Françoise, toujours maîtresse des novices, remplissait sa tâche en leur donnant les instructions d'une sagesse aussi prudente qu'éclairée. « La perfection, leur disait-elle,
» ne consiste pas dans une activité qui nous
» fasse embrasser une multitude de pratiques
» et de bonnes œuvres, mais dans une fidélité
» exacte et constante à faire parfaitement et
» en vue de Dieu, celles qui sont de devoir et de
» règle. »

Cette sainte maîtresse « possédait éminemment
» l'art de rendre la vertu aimable, en la faisant
» aimer en sa personne ; elle se dépouilla tou-
» jours de ces avis austères, de ces manières
» rebutantes dont certains dévots se parent avec
» faste. »

Dans les premiers jours d'août 1608, la Mère Claire-Françoise dit « confidemment » à la Mère fondatrice : « Ne ferez-vous rien pour ma fête ? » Cette dernière, qui n'avait de pensées que pour le ciel, lui répondit :

« Ah ! ma fille, il faudrait pour bien faire votre
» fête, qu'en l'honneur de la pauvreté de Jésus.

» votre divin époux et de celle de votre sainte
» patronne, il n'y eut rien à dîner ce jour là pour
» la communauté. »

« Ce qui arriva en effet car le jour de Sainte
» Claire, douzième d'Aoust, elles furent toutes si
» occupées de leurs dévotions que pas une, par
» une imprudence, selon le siècle, ne pensa au
» diné ; il ne s'y trouva pas même un morceau
» de pain dans la maison, en sorte qu'à l'heure
» réglée pour aller au réfectoire, se trouvant
» dans cette disette, elles se consolèrent d'avoir
» eu le bonheur de donner à leurs âmes la nour-
» riture des anges par la sainte Communion.
» Mais à ce même moment, on sonna au tour et
» on y trouva deux domestiques qui de la part
» de leurs maîtres, leur apportaient un diner
» complet qu'elles reçurent, redoublant leurs
» actions de grâces au Seigneur, et en renouvel-
» lant leur confiance en luy seul. »

Arriva l'année 1609. Le temps approchait où
la Révérende Mère Françoise de Besançon allait
recevoir la récompense d'une si sainte vie. Sa
mort devait être subite, mais non imprévue,
ainsi que le prouvent les faits suivants :

« Monsieur Chapuis, lieutenant général à Salins
» l'étant venu voir, les derniers jours gras, avant
» le carême, luy dit en la quittant: ma Mère,
» puisqu'on ne vous parle point pendant le

» carême, j'aurai l'honneur de vous voir après
» Pasques. La mère fondatrice luy répondit tout
» de suite : Monsieur, vous ne me trouverez pas.
» Et où serez-vous donc, ma mère? Ah, lui
» répondit-elle, la mort nous suit de près et nous
» approche..... »

« Mademoiselle Chapuis, fille du susdit lieute-
» nant général, qui postulait depuis quelque
» temps pour le troisième ordre, l'étant venu
» voir le dimanche gras, la pria instamment de
» luy accorder le saint habit avant Pasques ;
» cette mère la consola en lui disant d'avoir
» encore un peu de patience, que son heure
» n'était pas venue et que sûrement elle le rece-
» vrait après Pasques en habit de deuil. Cette
» demoiselle n'osant par respect, comme elle le
» déclara dans la suite, luy demander la raison
» pourquoy en habit de deuil, n'y n'osant en
» parler à Messieurs ses parents, elle était très
» en peine de savoir a quel sujet cet habit. Elle
» ne connut cette prophétie que quand elle
» reçut l'habit de l'ordre qui fut le 10 may
» 1609. L'attachement et la considération qu'elle
» et toute sa famille avaient pour cette mère
» qu'ils regardaient tous comme une sainte, les
» engagèrent à prendre le deuil à sa mort, et
» elle entra dans la maison avec cet habit. »

« Le troisième fait qui peut nous convaincre

» que cette sainte fondatrice avait été divinement
» avertie du jour de sa mort est, que trouvant
» Pierrotte Bullet, sœur du dehors qu'on avait
» fait entrer pour quelques ouvrages dans la
» maison luy dit : ma fille, balayez proprement
» et tenez tout en état pour la procession qu'on
» doit faire. Cette fille ne s'informa pas à quel
» sujet cette procession qui ne fut autre que
» celle que l'on fit pour porter son corps en
» terre.

» Enfin ce qui le prouve invinciblement fut
» qu'on trouva sur une table auprès d'elle un
» écrit de sa main, si frais qu'on l'aurait pu
» effacer, où elle avait marqué la manière de
» l'ensevelir, de l'enterrer et réglé les prières
» que l'on devait faire pour le repos de son
» âme. »

« ..... Comme elle tombait souvent en défail-
» lance causée par les ardeurs dont son cœur
» brulait de l'amour de Dieu elle y resta sans
» qu'on s'en aperçût. »

Son esprit de pauvreté et de mortification était
porté si loin qu'on ne trouva auprès d'elle « qu'une
» racine de blette qu'elle avait sucée. »

« Elle mourut le quatre Avril 1609, samedy,
» veille du Dimanche de la Passion, agée d'en-
» viron quarante neuf ans et on l'enterra le
» Dimanche au soir au milieu du cloître. »

En perdant cette mère qui l'était par la nature et par la grâce, la Révérende Mère Claire-Françoise ressentit la plus grande douleur ; mais ses souffrances firent mieux paraître ses vertus, car au lieu de chercher des consolations, ce fut elle qui en prodigua aux religieuses et aux habitants de la ville.

Le deuil ne pouvait être plus grand, et néanmoins perçait parmi les larmes, le sentiment du triomphe de la vénérable fondatrice.

Ses religieuses « ont toujours eu une pieuse » confiance en ses mérites dont elles ressentent » encore tous les jours les effets. »

Quelque temps après sa mort, elle apparut deux fois à la Mère Françoise de Saint-Vincent qui la vit d'abord « bénissant toutes les sœurs du novi- » ciat, excepté une seule ; à l'occasion de quoy » ladite mère Françoise de S¹ Vincent luy ayant » demandé pourquoy elle ne donnoit pas à celle- » là sa bénédiction, elle lui avoit répondu que » c'étoit parcequ'elle ne persévèreroit pas dans » la religion ; ce qui arriva. »

La seconde fois « la même mère la vit qui bé- » nissoit encore tout le noviciat comme la pre- » mière fois, mais avec cette différence que bien » loin d'en excepter aucune, le nombre des » novices bénites se trouva surnuméraire d'une » religieuse, après quoy ladite mère Françoise

» de Saint Vincent apprit qu'une prétendante
» qui avoit été reçue étoit morte entre le temps
» de sa réception et celuy de son entrée, ce qui
» fit croire que Dieu luy avoit fait miséricorde
» en vue de sa bonne volonté, par les mérites
» de ladite mère fondatrice (1). »

(1) La plupart des détails sur la Révérende Mère Françoise de Besançon, ont été recueillis par la Mère de Grandcey, dont le manuscrit a été malheureusement perdu à Gray.

D'autres ont été donnés de vive voix par la Mère Claire Françoise et par Pierrotte Bullet, qui survécut de longues années à sa maîtresse.

VII

'ORDRE institué par la Révérende Mère
Françoise de Besançon attirait à lui les
filles des meilleures maisons de la Comté (1);
aussi ne tarda-t-il pas à se répandre.

L'année 1611 vit la fondation du monastère de
Gray par la mère de Grandcey.

Le 7 janvier 1614, les archiducs Albert et
Isabelle, considérant que « la dévotion va crois-
» sant et s'augmente de jour à autre, en sorte
» que, outre le grand nombre des religieuses de
» St François qui sont au couvent de Salins pré-
» sentement, il se présente journellement plu-
» sieurs filles et vierges qui désirent entrer en
» cette religion et consacrer à Dieu leur virgi-

---

(1) Voici les noms de quelques religieuses de Salins: Mlle
Vigoureux, Mlle de Patornay, Mlle Bancenel de Myon, Mlle
Parandier.

» nité et perpétuelle continence, » permettent
aux Tiercelines de se fixer « dans toutes les villes
» du comté de Bourgogne. »

Durant cette même année s'accomplissent deux
évènements importants. La Mère Claire-Françoise établit le monastère de Dole, et les religieuses du Tiers-Ordre de la Stricte Observance
sont placées, selon le désir de la fondatrice, sous
la direction des Pères de leur ordre, qui suivaient
les mêmes observances qu'elles.

Les constitutions des Tiercelines, dressées par
le Père Elzéar de Dombes, reçurent l'approbation du pape Urbain VIII, en l'an 1636. Ce pontife accorda, en même temps aux religieuses,
les privilèges, grâces, exemptions et indulgences
dont jouissaient les Pères de la réforme de Vincent Mussart, et leur ordonna d'être toujours
soumises à la juridiction, à la visite et à la cor-
rection des supérieurs de cette réforme.

En 1615, le P. Vincent Mussart vint une
première fois visiter la maison de Salins, et il
emmena de Franche-Comté la R. M. Claire-
Françoise pour fonder à Paris un nouvel établissement, que Marie de Médicis honora de sa
protection.

Cette princesse voulut assister à la clôture des
religieuses, se déclarant dès lors, leur fondatrice, conjointement avec le roi son fils. Cette

solennité eut lieu en présence de la reine Anne
d'Autriche.

La R. M. Claire-Françoise passa douze années
dans le monastère de Paris, placé, comme tous
ceux du même ordre, sous le vocable de sainte
Elisabeth, et elle y mourut en odeur de sainteté
le jeudi saint 1er avril 1627 (1).

(1) « Inscription de la tumbe qui est sur la sépulture de la feue
Rde Mère sœur Claire-Françoise de Besançon, dans le chapitre du
royal monastère des religieuses de Sainte Elisabeth du 3e ordre de
Saint-François, à Paris, près le temple.

A LA POSTÉRITÉ.

Cy gist Rde mère en Dieu, sœur Claire-Françoise de Recy, na-
tive de Besançon, de parents nobles, catholiques et de la race de
Saint-Bernard, mais plus illustre par ses propres vertus et mérites,
car elle fust en son vivant très-digne religieuse de nostre séra-
phique Père Saint François en son tiers ordre de la congrégation
de lestroictes observance, première mère et institutrice des moniales
de ce royal monastère de Sainte Elisabeth, à Paris dudict ordre et
congrégation et pareillement fondatrice et institutrice avec feue sa
mère Marguerite Borrey, velve, religieuse de très-sainte mémoire,
des religieuses des monastères de Verceil, Salins et Gray, puis après
le déceds de sa dicte mère qui fust le quatrième d'apvril 1609, seule
institutrices des premières religieuses de Dole, Lyon, Paris et Nancy,
laquelle après avoir esté vingt-quatre ans religieuse, quatre ans
mère des novices, et treize ans supérieure tant en ce couvent qu'en
ceux de Salins et de Dole, d'où elle fust tirée par le très-révérend
Père fr. Vincent de Paris, premier père d'ordre, et lors vicaire général des Frères et sœurs dudict ordre et congrégation, pour venir
soubs l'autorité et assistance de l'ordre instituer ce présent monastère.

Enfin ayant attainct le comble de toutes les vertus par une très-
constante et invincible patience, consommée de travaux et de très-
griefves, longues et continuelles maladies, pleine de mérites, elle
trespassa sainctement et nostre Seigneur le jeudy sainct premier
d'Apvril 1627, agée de 39 ans ou environ. Mais ayant esté lors
inhumée en un cercueil de plomb au petit cloistre de l'hospice de
Nazareth première habitation des religieuses et couvent de céans,

Les fondations nouvelles se multiplièrent.
Citons, en Franche-Comté, celles de Lons-le-Sau-
nier (1644) et d'Arbois (1649), en France, celles
de Lyon, Nancy, Marseille, Roanne, Montferrand
et Louviers.

Mais il est impossible de s'étendre ici sur ce
rapide développement. Il faut donc achever de
dire ce qui concerne la Révérende Mère Françoise
de Besançon.

---

par ordre du Rd Père fr. Jean Chrysostome de Saint-Lô, ministré
Provincial dudict ordre en la province de France, elle en a est
transféré en ce nouveau monument le 12 décembre 1636 à l'instance
de ses très–chères filles les Rdes mères supérieures et religieuses de
ce dévost monastère.

Requiescat in pace

L e père Vincent Mussart étant revenu à Salins en 1630, ordonna de placer une tombe en pierre à l'endroit où était ensevelie la fondatrice, et fit défense d'enterrer qui que ce fût en ce lieu, jusqu'à ce qu'on eût relevé de terre ses ossements.

Cependant, en 1640, lorque mourut sœur Françoise de Saint-Jean, religieuse du voile blanc, qui n'était autre que la fidèle Pierrotte Bullet, on l'ensevelit à côté de sa maîtresse, « vers les » pieds de ladite Mère Françoise. »

L'inscription suivante fut gravée sur la pierre tombale :

« Ci gist la Révérende Mère Françoise de Be- » zançon, première fondatrice et institutrice de » ce monastère, et des Tiercelines tant du Comté » de Bourgogne que de France et Lorraine,

» laquelle après avoir vécu saintement décéda
» en ce monastère le samedy quatrième d'avril,
» mil six cent neuf. »

« Et le monastère a dressé ce monument à sa
» mémoire par l'ordonnance du très Révérend
» Père Frère Vincent de Paris, visiteur général
» des religieux et religieuses dudit Ordre de la
» Congrégation de l'étroite Observance, faisant
» la visite en ce monastère le mois de Septembre
» mil six cent trente. »

« Requiescat in pace. »

L'an 1686, « par ordre du très Révérend Père
» Appolinaire, provincial de Lyon, » les restes
de la R. M. Françoise de Besançon furent exhu-
més en la présence du Père « Antoine de Lisle, »
directeur du monastère de Salins.

D'après les témoins oculaires dont on possède
les dépositions, ces ossements étaient dans un
parfait état de conservation.

Le docteur Marchandet, médecin du couvent,
en ayant cassé un, trouva la moëlle si fraîche
qu'il avoua ne pouvoir expliquer le fait natu-
rellement.

On les enveloppa d'une toile, et, déposés dans
le coffre en noyer dont la description a été faite,
ils furent enfermés dans le mur du chœur de la
chapelle.

En 1716, le Père Pacifique de Forest, provincial de l'Ordre, procéda à une enquête juridique sur les vertus et faits miraculeux attribués à la Révérende Mère Françoise de Besançon.

A cette occasion, il constata l'identité de ses restes vénérables et, après avoir apposé les sceaux de l'ordre sur le coffre qui les contenait, il le fit replacer dans le même mur d'où on l'avait tiré.

L'enquête dont nous parlons fait mention de la statue miraculeuse de la Vierge qui avait appartenu à la R. Mère Françoise. Toutes les religieuses, à l'exemple de leur fondatrice, l'honoraient particulièrement et attestaient avoir reçu par elle « des graces et des consolations infinies. »

Cette statue représentait « la Sainte Vierge » tenant l'enfant Jésus entre ses bras, icelle » figure d'un bois peint vieux et mal poly, de la » hauteur d'environ deux pieds et demy. »

Elle était placée dans l'oratoire de la Pénitence, au-dessus du chœur de la chapelle, sur l'un des deux autels qui s'y trouvaient et « au milieu d'un » beau retable à colonnes torses en feuillage » doré. » On ornait la sainte image « d'habits de » soye » et elle possédait un riche trousseau. Afin qu'elle ne pût être jamais confondue avec quelque autre, le Père Pacifique déclare que, sur la demande des religieuses, il a « percé proche » le pied d'icelle un endroit de la draperie de

» bois. » Il ajoute : « et y avons mis un ruban
» bleuf et à icely fait apposer le petit scel de
» notre office en cire d'Espagne rouge. »

Les Tiercelines de Salins gardèrent vivant le
souvenir de leur fondatrice. Le coffre, ainsi que
la vierge, ne subirent aucun déplacement jusqu'en 1792. Alors on chassa les religieuses et
le couvent fut fermé, puis vendu comme bien
national (1).

En quittant à regret le saint asile qu'elle s'était
choisie, une sœur du voile blanc, connue sous le
nom de sœur Ursule, dans le siècle Marie Ursule
Bourgeois, emporta ces précieux objets.

Après la Révolution, la communauté de Salins
ne fut pas rétablie et sœur Ursule, ne sachant
pas qu'il existait ailleurs des religieuses de son
ordre, demeura retirée en un modeste logis dans
cette ville. Elle y mourut après une vie aussi
longue qu'édifiante, le 28 août 1839, à l'âge de
88 ans.

Sentant sa fin approcher, elle fit remettre la
vierge miraculeuse et le coffre contenant les ossements de la Révérende Mère Françoise de Besançon à M. l'abbé Melin, alors curé de Notre-Dame.

---

(1) Le 18 novembre 1792, au district d'Arbois, les « bâtiments,
cours et jardins » des Tiercelines de Salins furent adjugés aux
citoyens Jean-Claude Bouvier, Michel Belle, Denis Baud et Jean-
Denis Canteau, tous de Salins, pour la somme de huit mille
soixante-quinze livres payées en assignats.

IX

Laissé dans l'oubli, depuis la mort de sœur Ursule, le coffre en a été tiré, dans les circonstances que nous avons racontées.

Les recherches que j'ai faites sur la mère Françoise de Besançon m'ont fait découvrir le monastère de Sainte-Elisabeth à Paris (1). Les religieuses de ce couvent, qui s'occupaient d'un travail historique sur l'établissement de leur ordre, regardèrent comme un évènement providentiel la découverte du coffre. Un franciscain, le R. P. de Clauzade, envoyé par elles, fit la demande de ces précieux restes. Confiés à ses soins, ils leur furent remis comme un bien de famille.

En effet, la Mère ne devait-elle point reposer

(1) Rue de Turenne, 60.

au milieu de ses filles? Et ne sent-on pas son esprit revivre, dans cette maison, fondée en 1615 par la R. M. Claire-Françoise? Détruite, à l'époque de la Révolution, elle s'est reconstituée en 1803, avec les propres membres de l'ancienne communauté. Plusieurs religieuses de Dole vinrent y finir leurs jours.

Le monastère de Sainte-Elisabeth à Paris et celui du même nom existant à Lyon, sont les deux seuls qui suivent la règle du Tiers-Ordre de la Stricte Observance et qui puissent faire remonter leur origine à l'institution de cet Ordre par la R. M. Françoise de Besançon. Tous deux se consacrent à l'éducation de la jeunesse. Là se forment et se développent des vertus dignes des grands exemples, donnés par celle qui y sert toujours de modèle.

Les excellents rapports que j'ai eus avec les religieuses de Paris, en particulier, m'ont permis d'apprécier en elles cette « saincte gayté » et cette « franche familiarité » que leur fondatrice avait si bien su inspirer à ses premières compagnes.

C'est en présence des sœurs de Sainte-Elisabeth que, le 27 janvier 1877, l'identité des ossements de la R. M. Françoise a été encore une fois constatée par le docteur Legros, sous les yeux de M. Caron, vicaire général du diocèse de Paris, archidiacre de Sainte-Geneviève et supérieur de la communauté, de M. de Perretti, chanoine de la cathédrale, de M. l'abbé Martha, aumônier du couvent et des Mères du conseil.

Le coffre, après que M. Caron y eut apposé les sceaux de l'archevêché, fut laissé à la garde des religieuses, qui le conservent depuis ce moment dans la chapelle où elles assistent aux offices divins. Il est placé, comme anciennement au monastère de Salins, au-dessous de la grille du chœur, derrière un panneau.

Les restes de la R. M. Françoise, tout en étant l'objet d'une filiale vénération, demeureront ainsi dissimulés aux regards tant que l'Eglise ne les aura pas exposés elle-même sur ses autels.

Qu'il me soit permis, en terminant, d'exprimer l'espoir que ce suprême honneur leur sera un jour accordé. Si cet évènement se réalise, une partie notable des précieux ossements, devenus des reliques, sera distraite pour être offerte à la dévotion publique dans l'Eglise de Notre-Dame, à Salins, qui a eu l'honneur d'en être pendant près d'un demi-siècle la fidèle dépositaire.

En essayant ici, pour la plus grande gloire de Dieu et l'avantage des âmes pieuses, de faire connaître la R. M. Françoise de Besançon, j'ai tenu aussi à élever un autel à la Vierge qui avait été son inséparable compagne et qui, jusqu'à présent, était restée, dans l'église paroissiale de

7

Notre-Dame, sur une modeste console en un lieu
élevé et peu apparent.

Le nouvel autel rappelle par sa forme ce « beau
» retable à colonnes torses en feuillage doré, »
au milieu duquel la statue miraculeuse a reçu si
longtemps, dans le couvent des Tiercelines, les
hommages des religieuses (1).

Ce même tribut d'hommages lui est maintenant
apporté par les fidèles. Des lampes et des cierges
brûlent continuellement devant elle, et la confiance qui conduit à ses pieds est sans cesse
récompensée par des grâces nouvelles.

Pour contribuer à augmenter ces faveurs, la
prière suivante a été enrichie d'une indulgence de
quarante jours par S. G. Monseigneur Marpot,
Evêque de St-Claude.

---

(1) D'après une légende, lorsque la Vierge Miraculeuse apportée
de Vercel à Salins, par les Tiercelines, eut franchi la porte de Chambenoz, elle devint si lourde qu'il fut impossible de la porter plus
loin. Elle manifestait par là son désir de rester au Palouzet.

PRIÈRE

Vierge sainte, mère de mon Sauveur Jésus-Christ, qui êtes toute puissante au Ciel auprès de votre divin Fils, comme vous l'étiez sur la terre aux jours de sa vie mortelle, je viens me prosterner devant vous, d'un cœur contrit et humilié à la vue de mes fautes et de mon indignité. Agenouillé en présence de votre image vénérée, au pied de laquelle votre dévouée servante, la R. M. Françoise de Besançon, a prié avec tant de ferveur et reçu tant de faveurs signalées ; animé, comme elle, d'une pleine confiance, je vous conjure de m'obtenir toutes les grâces dont j'ai besoin pour le temps et l'éternité ; de marcher constamment d'un pas ferme et assuré dans la voie des saints commandements ; d'être éclairé dans mes doutes et mes incertitudes, soutenu dans mes combats et mes défaillances. O Vierge sainte ! Mère de Jésus et ma mère, consolez-moi dans *mes afflictions, encouragez-moi dans mes luttes, guérissez-moi dans mes infirmités. Accordez à votre humble serviteur (ou servante) et à ceux qui me sont chers la santé de l'âme et du corps.*

Et enfin après avoir été fidèle à votre service, qu'il me soit donné de mourir d'une douce et sainte mort, en déposant le dernier baiser de mes lèvres sur l'image adorée de votre divin Fils, mon Sauveur Jésus-Christ. Amen.

Pater.... Ave.... Gloria....

PIÈCES JUSTIFICATIVES

PIÈCES JUSTIFICATIVES

~~~~~~~~~~~~

I

Testament du 9 juillet 1603

En nom de la très sainte et indivise Trinité,
le Père, le Fils et le benoist Saint-Esprit, *Amen.*
Je, Marguerite Borrey, femme de Claude Recy,
citoyen de Besançon, saine de sens, pensée et
entendement, Dieu grâces, bien sachant qu'il n'y
a rien de plus certain que la mort et moins certain que l'heure d'icelle, ne désirant être prévenue sans premièrement disposer du peu de
bien qu'il a pleut à mon doux sauveur et
rédempteur me prester en ce mortel monde, pour
ce tandis que je suis en bon jugement et entendement, j'ay fait et condit mon testament et ordonnance des dernières volontés en la forme et manière
que s'ensuit, que j'ay écrit de ma propre main et

de mon nom et surnom soussigné. Je, dès maintenant et pour lors que mon âme se séparera de mon corps, je rends et recommande à mon doux sauveur et rédempteur Jésus-Christ, et à la bienheureuse vierge Marie, sa sainte et glorieuse mère, à mon bon ange gardien, à M. saint Michel, à M. saint Gabriel l'ange, à nos bienheureux pères et bons advocats MM. saint François d'Assise et Paulle, aussy à nos bons patrons et advocats MM. saints Ferreux et Ferjeux, et à M. saint Jehan et à Mmes saintc Anne, sainte Marguerite, sainte Jehanne, sainte Elisabeth, roienne de Hongrie, saintes Claire et Colette et sainte Marie-Madeleine, à sainte Barbe et à toute la cour célestiale du Paradis, les priant être intercesseurs pour ma pauvre âme, à ce qu'il plaise à la divine majesté la colocquer en royaume céleste. Item, j'eslis la sépulture de mon corps et veux yceluy être inhumé en l'église et couvent des révérendes sœurs de Sainte-Claire de cette citez de Besançon, aux pieds du grand crucifix de l'église, à telle place qu'il plaira aux révérende mère abbesse et religieuses du couvent.

Et quant à mes exèques, frais funéraux et charité, je les remets à la discrétion de mon héritière sy après nommée, laquelle en prendra et suivra l'avis de damoiselle Etiennette Jeantet.

Je ordonne de plus à madite héritière sy en bas nommée de tout incontinent après mon trépas faire dire un trental devant le benoist saint Suaire, pour le remède de ma pauvre âme, et d'advertir les révérends Pères capucins, chartreux, de mondit trépas, afin qu'ils prient pour ma pauvre âme, leur étant affilliée, et, s'yl plaît à madite bien-aimée sœur Antoinette-Oudette Borrey, l'on envoyera à chacune religion quelque chose de dévotion jusqu'à la valeur d'un écu, s'y faire se peut.

Item, j'ordonne à mon héritière de payer aussitôt qu'elle pourra, à chacune des confréries sy en bas nommées, la somme de 20 roz pour une fois (et de donner aux révérends Pères jésuites de cette cité la valeur d'un écu, et de deux souz aux sœurs de Sainte-Claire pour leur église), à celle du précieux Saint-Suaire, à celle du Précieux-Corps de Dieu établie à Sensez, et même à l'église de M. saint Pierre à Besançon, à la confrérie de Toraise, de M. saint Pierre de Millan, de M. saint Albin, aux Jacobins, de la Conception érigée à Notre-Dame de Gessant-Mouthier, de Saint-Antoine, de Saint-Hubert, des Cinq-Plaies de Notre-Seigneur, et finalement à celle du Cordon de M. saint François, les deux susdites confréries érigées et installées en l'église des RR. Pères cordeliers de Besançon, auxquels je donne, et veux leur être perpétuellement laissés, les devants d'autel, tapis et autres ornements nécessaires pour l'autel M. saint Antoine de Padoue, lesquels ils ont à présent rière leurs mains, afin qu'ils prient pour ma pauvre âme.

II

Testament de la sœur Françoise de Besançon,
prieure des religieuses Tiercelines au monas-
tère de Vercel.

Archives départementales du Jura, Série H, Case D-I,
nº 11; Fonds des Tiercelines de Salins, 1605-1609.

Au lieu d'Ornans, au lougis de et par devant
nous Henry Rougemont, docteur ès-droizt, lieutenant au siège d'illec de monsieur le bailly de
Dole, le quinzième jour du mois de septembre,
l'an mil six cens et neufz, heure de midy, avec
nous appellé pour scribe, François Debillers,
clerc juré aud. siége. S'est présenté et comparu
Loïs Bernard, substitut de noble Anthoine Gérard,
docteur ès-droizt, procureur fiscal aud. siége,
impétrant en matière d'ouverture, acceptation
et publication de testament et ordonnance de
dernière volonté de feue sœur Françoise de
Besançon, jaidis nommée demoiselle Marguerite
Borrey à son vivant, mère ancienne du Tiers ordre
monsieur Sainct-François, érigé à Salins ; assisté
de Guillaume Colin, docteur ès-droitz, advocat
fiscal en icelluy siége. Contre révérendes dames :
Crestienne de Grancey, prieure aud. couvent
sœur Claire de Besançon, vicaire ; Elisabeth de
Bletterans, sacristaine ; Jeanne de Besançon,
Catherine de Lauray ; Bonne Anthoine de Grey,
Françoise de Salins, et Jeanne Chrestienne de

Jésus : toutes religieuses recluses et profess.
aud. couvent, que l'on dict estre héritières dénom-
mées aud. testament.... dont la teneur s'en-
suyt :

Jésus Maria, Sainct-François, en nom de la
très saincte, très haulte et individue Trinité :
Père, fils et Sainct-Esprit, amen.

Je, sœur Françoise de Besançon, cy-devant
nommée Marguerite Borrey, et citoyenne dud.
Besançon, saine de sens, pensée et entendement
Dieu grace :

Premièrement, dès maintenant et pour lorsque
mon âme se séparera de mon corps, je la rend
et recommande à Dieu mon souverain créateur et
et sauveur Jésus-Christ ; et à toute la Cour
céleste de paradis, les priant tous estre mes intercesseurs et intercesseresses envers Dieu, à ce qu'il
plaise à Sa Majesté divine, colloquer ma pauvre
âme au royaulme céleste pour le louer et bényr
sans fin.

Ittem, je eslis la sépulture de mon corps, et
veulz icelluy estre inhumé au cimetière de ce
couvent et monastère du Tiers ordre des pénitens,
érigé en ce lieu de Vercel en l'honneur et révé-
vérence de Monsieur Sainct-François d'Assize et
de madame Saincte-Elisabeth veusve, en tel lieu
et place qu'il plaira à mes révérendes mères et
sœurs d'icelluy, auxquelles je remetz la disposi-
tion de mes obsèques et frais funéraulx, les
priant toutefois, de, incontinent après mon
obit et trespas, faire dire messe pour ma pauvre
ame, devant le précieux Sainct-Suaire de Besan-

çon, et ce à l'autel privilégié ; comme aussi de faire quelques aulmosnes à mon intention, selon leur bon vouloir et plésir.

Item, je donne et lègue à ma bien aymée fille, sœur Claire Claude de Besançon, autrefois nommée Anthoine Oudette Récy, et citoyenne dud. Besançon, la somme ou valeur de mille francs, que je veulx et ordonne luy estre donnée du plus clair de mes biens, par lesd. révérendes mères et sœurs religieuses de ced. monastère et couvent au cas que lad. sœur Claire Claude ressorte de ced. couvent pour retourner au monde, ce que Dieu ne veuille avantqu'elle ayt faict la saincte profession aud. monastère et couvent, pour estre le revenu d'iceulx mille francs applicqué seulement à son seul et particulier aliment et entretien.

Voulant et ordonnant que, si ce que dessus arrive, et qu'elle vienne à mourir sans hoirs de son corps, procréez par loyal mariage, que lesd. sommes de mille francs seront acquises et retourneront à ced. couvent et monastère et aux révérendes mères et religieuses d'icelluy, dez l'heure mesme de son. obit. et trépas, à charge par lesd. couvent et religieuses, faire à faire bien et dehuement ses frais funéraulx et paier ses debtz faictz pour sa pure nécessité et aliment.....

Et lequel mien présent testament, je veulx estre leu, ouvert et publié devant monsieur le bailly de Dole, ou monsieur son lieutenant au siège d'Ornans.

Faict et passé aud. couvent et monastère dud. Vercel, au lieu et chapelle d'icelluy.

Donné soubz le scel aux causes de la cour desd. baillage, et siége, les an et jour susd.

Ce testament fut ratifié juridiquement après l'installation à Salins comme suit :

. . . .

Faict passé, aud. Salins, en la chapelle dud. couvent, au trelly d'icelle où elles se sont manifestées, le quinzième jour du mois d'aoust après midy, de l'an mil six centz et neufz. Présens : honorables Jacques Jannet dud. lieu, notaire ; et noble et vénérable messire Hugues Pourtier, prebstre docteur en saincte théologie, doyen et chanoine en l'église collégiale Sainct-Michel de Salins, tesmoings requis. Ainsi signé : Sœur Chrestienne de Grancey, prieure indigne ; Hug. Pourtier, doyen ; J. Jannet et Millet.

F. Debillers.

III

22 Aoust 1716. — Requête des dames religieuses tiercelines de Salins au R. P. Provincial des religieux du tiers ordre Saint-François leur supérieur, aux fins de procéder juridiquement à la vériffication tant de l'identité des ossements que des vertus et faits miraculeux de la vie de feu la révérende mère Françoise de Besançon, veuve de noble Claude Recy, nommée dans le monde Marguerite Borrez, première religieuse et fondatrice des religieuses du Monastère dud. Salins.

En conséquence, verbal des 23, 24 et 25 aoust susdits des interrogations et réponses données par les religieuses désignées dans la susd^te requéte par devant le susd. Révérend père provincial et son secrétaire à ce nommé.

(Archives départementales du Jura, Série H ; Fonds des Tiercelines de Salins, pièce cotée E, 73 (ancien inventaire.)

Au très Révérend père Pacifique de Forest, Provincial des religieux et religieuses du tiers ordre Saint-François de l'étroite Observance en la Province de Saint-Louis dite de Lyon.

Suplient humblement les supérieure et religieuses dudit Ordre du monastère étably en la ville de Salins au Comté de Bourgogne et disent :

Qu'outre l'honneur qu'a leur monastère d'être l'origine et la source de tous ceux du mesme

ordre et réforme établi au mesme comté de Bourgogne en France et Lorraine, et dans le Comtat
d'Avignon a encor le privilége de posséder les
ossements de feu la révérende Mère Françoise de
Besançon, veusve de noble Claude Récy, première religieuse fondatrice et institutrice dudit
Ordre et réforme, laquelle.......... décéda en
icelly le quatrième jour d'Avril de l'an mil six
cents neufs et fut ensevelie dans le cloître dudit
monastère. Une tradition suivie depuis ce temps
là jusque à nos jours est qu'une tombe de
pierre fut mise sur sa sépulture avec inscription
gravée sur icelle par ordonnance de feu le très-
révérend père Vincent de Paris, visiteur général
dudit Ordre et réforme en l'an mil six cents
trente. Le transport de ces mesmes ossements fut
fait dudit cloître au Chœur des suplientes en l'an
mil six cents quatre vint six par ordre du très
révérend père Apolinaire de Lion, provincial
dudit ordre et Province..........

A ces causes, mon très révérend père, elles
recourent à vous à ce qu'il vous plaise vouloir
bien procéder juridiquement et par toutes les voyes
qui conviennent à votre authorité, à la vérification tant de l'identité desdits ossements que des
vertus et faits miraculeux de la vie de ladite fondatrice dont la tradition pourra avoir conservé
parmy elles la mémoire et pour ce intéroger juridiquement onze des plus anciennes religieuses
du monastère des suppliantes : Savoir, la révérende mère Jeanne de la Croix, supérieure d'iceluy et les vénérables mères Marie Placide de S^t

Claude, vicaire ; et mère Agnes du Verbe in-
incarné, discreste ; mère Angélique de la Trinité ;
mère Jeanne Séraphine ; mère Marie Françoise de
Jésus-Christ, discreste ; mère Françoise Elisabeth
de Saint-Anatoile ; mère Marie-Adrienne de Saint-
Joseph, discreste ; mère Jeanne l'Evangéliste
de Jésus ; et les dévotes sœurs Marthe de Jésus
et Jeanne Baptiste de la Trinité, lesquelles étant
les plus anciennes de toutes les religieuses qui le
composent à présent pourront être les plus fidelles dépost de la tradition et les plus assurés
témoins de l'identité desdits ossements pour l'édification des fidelles.

Suivent les signatures.

IV

*Procès-verbal pour la vérification des ossements
de la Révérende Mère Françoise de Besançon.*

. . . .

Le mesme jour vingt troisième d'Aoust de
ladite année mil sept cent seize pour procéder
aux fins que dessus, nous nous sommes trans-
porté avec notre dit secrétaire au parloir du
monastère susdit, où nous avons fait venir par

devant nous les religieuses mentionnées en la requête à nous présentée.........

Interrogées s'il y a quelque autre pièce justificative des mesmes faits cy-dessus énoncés, ont répondu n'en sçavoir d'autre sinon que dans leurs archives dudit monastère, se trouvent plusieurs livres, lettres et papiers concernant les comptes, inventaires et autres affaires du susdit monastère de Vercel, lesquels étant conservés aux archives de celuy de Salins et entièrement en son pouvoir, ont toujours paru à la déposante être de véritables preuves de la translation dudit monastère de Vercel, en celuy de Salins.

Interrogées si elles savaient quel est le mur dans l'épaisseur duquel elles ont dit plus haut qu'on avoit placé les ossements de ladite mère Françoise et dont mémoire est faite dans l'inscription citée cy-dessus pour quinzième et dernière pièce à nous produite par elles,

Ont répondu qu'elles savaient à n'en pouvoir pas douter, que ce mur est celuy qui est sous la grille du Chœur dudit monastère.

Interrogées par où elles savaient que ces ossements sont dans ce mur, et que ce sont bien réellement ceux de ladite mère Françoise de Besançon,

Ont répondu qu'elles savaient qu'ils y sont pour les y avoir vu enfermer et murer, la première année après la profession d'une d'elles, déposante ; laquelle ne peut pas douter que les os qu'elle a veu ainsy enfermer ne soient ceux de ladite fondatrice, en ce qu'elle les a vus elle-

8

même tirer de la terre, sous une tombe de pierre
qu'elle asseure être encor au Cloître dudit monastère de Salins, sur laquelle est gravée une inscription qui fait foy que là-dessous étoit ensevelie
ladite mère Françoise de Besançon ; qu'elle
sçavoit d'ailleurs par l'aveu unanime de toute la
communauté qui vivoit alors, que là étoit réellement ensevelie ladite fondatrice et qu'elle y avoit
veu faire très fréquemment des petites dévotions
par les religieuses, dans l'intention d'honorer la
mémoire de ladite fondatrice, lesquelles ont
entièrement cessé, depuis le transport des ossements qui étoient sous ladite tombe : qu'elle
avoit mesme ouy-dire par toutes les anciennes
religieuses que la servante de ladite Dame qui
l'avoit suivie en religion sous la qualité de sœur
du voile blanc, étoit l'unique qu'on avoit voulu
jusque alors ensevelir auprès d'elle ; mais à côté
de la tombe susdite seulement, et non des-
sous, parce qu'on avoit toujours regardé
cette place et sépulture et les environs,
comme uniquement destiné à ladite fondatrice
et à sadite servante ; jusques à ce qu'enfin
environ un an avant ledit transport d'ossements, Madame d'Andelot étant décédée, et le
monastère la regardant comme insigne bienfai-
trice d'iceluy, crut devoir la mettre au voisinage
de ladite fondatrice, et à la même place que sa
servante, qu'on disoit être à côté de la tombe
susdite, du côté de la porte du tour, ce qui se
trouva vray ; car ayant fait le fossé dans l'endroit
où on disait avoir été ensevelie ladite servante,

on en trouva effectivement tous les ossements ;
et qu'elle, déposante, s'en souvient aussi parfaitement que si la chose étoit faite du jour d'hyer.

Interrogées si depuis qu'ils ont été mis dans le
susdit mur du Chœur on ne les a point changés ou
variés,

Ont répondu être très sûres qu'ils n'ont point
été variés, parce que allant tous les jours au
Chœur plusieurs fois, il ne seroit pas possible
qu'on n'eût vu quelques marques de la fracture
du murement dans lequel ils sont fermés ; et
qu'elles n'en ont vu aucune marque depuis.

Interrogées si elles savaient quelques faits miraculeux et dignes d'attention concernant ladite
fondatrice,

Ont répondu, qu'elles ont bien quelque notion
confuse de plusieurs histoires que les anciennes
religieuses en ont faites, sans attention suffi-
sante pour pouvoir s'en souvenir ; elles ajoutent
seulement un fait, comme certaines d'iceluy pour
en avoir été témoins ; qui est que quand lesdits
ossements de ladite mère fondatrice furent tirés
de terre, ils étoient d'une fraîcheur et d'une
beauté charmante, en sorte que le chirurgien de
la communauté nommé Marchandet, entrant
dans le monastère pour autre sujet, surpris de la
blancheur et intégrité de ces ossements depuis
près de quatre-vingts ans qu'ils étoient en terre,
en prit un, le cassa en deux pièces, et trouva la
moële fraîche et comme vive ; en sorte qu'il dit
que cela ne pouvoit pas être naturel.

Interrogées si cet ossement fut mis avec le

reste des ossements dans le susdit mur du Chœur,

Ont répondu qu'ouy, et qu'on prit toutes les précautions possibles pour n'en point laisser ailleurs.

Interrogées si elles ont quelqu'autre chose à nous dire ou produire concernant les faits contenus en la susdite requête dont nous venions depuy peu de leur faire lecture,

Ont répondu ne sçavoir autre chose de certain, et leur ayant fait faire lecture de toutes ces dépositions, les ont reconnues bonnes, véritables et réelles, et comme telles les ont confirmées, signées avec nous et notre secrétaire ; les jour, mois et an que dessus.

> Sœur JEANNE DE LA CROIX, supérieure, témoin.
> FR. PACIFIQUE DE FOREST, Provincial.
> F. GRÉGOIRE DE LYON, secrétaire.

Suivent les autres dépositions ; mais, vu la longueur du document et comme toutes relatent les mêmes faits, nous ne les citerons pas.

V

Lettres de la R. M. Supérieure du couvent de Ste Elisabeth, à Paris, relatives à l'invention et à

la tradition du coffre renfermant les restes de
la R. M. Françoise de Besançon, adressées à
l'auteur.

Monsieur le Curé,

J'ai éprouvé une joie indicible en recevant la
lettre du R. P. Stanislas, capucin, qui me fait
connaître que vous possédez le coffre renfermant les ossements de la Mère de notre sainte
fondatrice. Depuis plusieurs années, je suis à la
recherche de tout ce qui concerne notre Tiers-
Ordre, depuis sa réforme.

J'ai parcouru tous nos registres, nos manuscrits. J'ai trouvé des trésors pour nous : toute
l'histoire de Marguerite Borrey, de sa fille, notre
Fondatrice ; les fondations de Vercel, Salins,
Dole, Paris, etc. J'ai la description de ce coffre
qui renferme de si précieuses reliques : sa longueur, sa largeur, sa profondeur. Il était placé
dans le panneau de la grille du chœur de nos
Mères de Salins. En copiant ces manuscrits, que
de regrets j'ai éprouvés, en pensant que ces trésors avaient disparu à la grande révolution, de
même que les restes, ou plutôt le corps entier de
sa fille, la Mère Claire-Françoise de Besançon
(car plusieurs années après sa mort, son corps
avait été trouvé sans corruption). Je ne sais
pourquoi, j'avais un pressentiment que ces précieux trésors se retrouveraient. Je le demandais
continuellement à la Ste Vierge et faisais prier

la communauté à cette intention. Tout dernière-
ment, en relisant mes notes, je me sentais pres-
sée d'écrire à Salins, pour avoir quelques renseignements. Jugez, Monsieur le Curé, si la nouvelle que les ossements de notre Mère existent
m'a comblée de joie! Cela me paraît tenir du
miracle.

Merci, Monsieur le Curé, du bonheur que
vous nous procurez ; vous aurez une large part à
nos prières. Mais comment ce coffre a-t-il pu
être conservé? Où a-t-il passé les jours de la
terreur? Quelle reconnaissance je vous garderais
si vous me le disiez, et surtout si vous en faisiez
le sacrifice en notre faveur.

En attendant votre réponse, je vous prie,
monsieur le Curé, d'agréer mon humble et profond respect.

20 décembre 1876.

VI

Monsieur le Curé,

Vous dire notre joie en recevant le précieux
coffre, serait impossible. Pendant la messe d'action de grâces, le Magnificat, le Quid retribuam
et le Laudate ont été chantés avec enthousiasme.

Il me semble que notre Mère devait être heureuse de se trouver au milieu de ses filles.

Merci, Monsieur le Curé, de la part de toute la communauté. Que le bon Dieu vous rende au centuple le sacrifice immense que vous faites en notre faveur !

Vous serez désormais considéré comme un bienfaiteur de notre monastère ; vous aurez part à toutes nos prières et bonnes œuvres. Avec la permission de notre Père supérieur, un acte sera dressé qui en fera foi.

En attendant, restons unis de prières et croyez à ma grande et éternelle reconnaissance.

Recevez, etc.

8 janvier 1877.

VII

Monsieur le Curé,

Bientôt le coffre renfermant les restes de notre sainte fondatrice va être ouvert, en présence de nombreux témoins. Un médecin célèbre de Paris en dressera procès-verbal.

Monsieur l'abbé Caron, notre vénéré supérieur, est heureux de notre bonheur, et trouve que l'arrivée de notre Mère au milieu de nous est toute providentielle et bien extraordinaire.

Recevez, etc.

19 janvier 1877.

VIII

Monsieur le Curé,

Samedi dernier, notre digne Supérieur, Monsieur Caron, autorisé par son Eminence le Cardinal, a fait ouvrir le coffre renfermant les ossements de notre sainte Mère.

Pendant plus d'une heure, nous avons pu contempler, avec un filial amour, ces précieux restes.

Il serait bien impossible, Monsieur le Curé, de dire combien de fois votre nom a été prononcé avec bénédiction.

L'acte qui vous donne part à toutes nos prières et bonnes œuvres, est inscrit sur le registre des archives ; la communauté doit le signer, et, aussitôt après, je vous en enverrai la copie.

Recevez, etc.

27 janvier 1877.

IX

Monsieur le Curé.

Je ne veux pas retarder d'un instant l'envoi que je vous ai promis et qui vous donne part à tout ce que la Communauté fera de bien jusqu'à la fin des temps. C'est le seul moyen de montrer notre reconnaissance, pour un bienfait inappréciable.

Vous avez donc, Monsieur le Curé, la généalogie de notre Mère? Votre nom s'y trouve. Quel trait de providence ! C'est vous que le Seigneur choisit pour faire cette découverte !....

Vous ne sauriez croire, Monsieur le Curé, combien nous désirons votre voyage, à Paris. Nous vous accablerons de questions. Il faut que je vous prévienne que le temps de la S^{te} enfance dure ici toute l'année. La Mère, les filles et les fillettes sont très gaies et très simples. La simplicité est l'esprit dominant de la maison.

Recevez, etc.

5 février 1877.

X

J. M. J.

Emues de la générosité de Monsieur l'Abbé Dalloz, curé de Notre-Dame de Salins, qui a daigné, le 8 janvier 1877, faire en notre faveur le sacrifice des restes précieux de notre très Révérende Mère de Recy, en religion Françoise de Besançon, première religieuse en France du Tiers-Ordre réformé, dit de Sainte-Elisabeth,

Nous, Religieuses du même Ordre, demeurant rue de Turenne, 60, à Paris, lui avons voué une reconnaissance éternelle ; et du plus profond de nos cœurs, l'admettons, lui et sa famille, à la participation de toutes les bonnes œuvres et prières, de tous les sacrifices et mérites, que, par la grâce et la miséricorde de Dieu, nous pourrons accomplir.

Et prions instamment ce très digne et respectable Curé de vouloir bien aussi nous donner quelque part aux fruits précieux de ses Saints Sacrifices et ferventes prières.

Fait, ce vingt-sept Janvier mil huit cent soixante-dix-sept et signé par toute la communauté de Ste Elisabeth, avec l'approbation et signature de notre Révérendissime Père supérieur, Henri-Etienne Caron, Vicaire Général de Paris, Archidiacre de Ste Geneviève. — Le double est conservé dans le registre capitulaire.

CARON, V. g.,

Sup. des Franciscaines.

Extrait des titres déposés aux Archives départementales du Jura

NOMS

DES RELIGIEUSES TIERCELINES

DU MONASTÈRE DE SALINS

de 1604 à 1793

27 mai 1604. — Marguerite Borrey, veuve de
                Claude Recy.
    id.   — Antoinette de Grandcey.
    id.   — Oudette-Claire Recy.
13 juin 1605. — Claude Martelot.
21 déc. 1605. — Jeanne de Lisola.
13 juin 1606. — Catherine Monnier de Loray.
    id.   — Bonne Bavoux, de Gray.
25 janv. 1609. — Françoise Vigoureux, de Sa-
                lins.
14 avril 1609. — Jeanne-Chretienne Bancenel.
11 mai 1610. — Denise Chapuis.
26 oct. 1610. — Pierotte de St-Moris.
31 oct. 1610. — Anne Sembarde, de Salins.
1er janv. 1611. — Jeanne Bavoux.
13 avril 1611. — Claude Jaquard, de Dole.

22 mai 1611. — Madeleine-Françoise de Rin-
          quir, née à Moussay en
          Poitou.
15 oct. 1611. — Marguerite Cussemenet, de
          Salins.
21 déc. 1611. — Jeanne Raclet, de Salins.
16 sep. 1612. — Anne-Remy Goulut, de Dole.
27 oct. 1612. — Jeanne Jaquinot.
12 mars 1613. — Adrienne Mercier, de Lons-le-
          Saunier.
25 avril 1613. — Pernette Contens, de Dole.
23 juin 1613. — Claudine du Champ, de Dole.
 3 nov. 1613. — Jeanne Tissot, de Dole.
17 mai 1615. — Françoise Bancenel.

       De 1615 à 1630. — *Lacune.*

29 juin 1630. — Hélène Boquillard, d'Arbois.
10 août 1632. — Anne Thuresel, de Salins.
29 mai 1633. — Alix Fraumont, de Poligny.
       1634. — Chretienne Thiébault.
1er mai 1635. — Alix Maistre.
1er nov. 1635. — Jeanne-Marie Chapuis, de
          Poligny.
    id.   — Catherine Tissot, de Salins.
12 avril 1636. — Marguerite Panier.
19 nov. 1639. — Jeanne Loyse de Vers, de
          Salins.
1er fév. 1642. — Françoise Rance de Fouchier.
29 mai 1642. — Jeanne Vuillin.
    id.   — Claude Mathey, d'Arbois.
1er sep. 1642. — Blanche Dubois.
 8   id.   — Demoiselle Goulaud.

27 sep. 1644. — Marguerite Dubois.

28   id.   — Clauda Bey.

28 déc. 1644. — Clauda Robert.

11 juin 1645. — Jeanne Aigrot.

21 juin 1646. — Louis Canthenot, de Pontar-
              lier.

6 août 1646. — Michelle Bernard, de Dole.

25 avril 1647. — Philippe Pelissonnier.

13 déc. 1647. — Marguerite Poussot.

7 janv. 1648. — Jacques-Philippe Garnier.

4 oct. 1648. — Pierrette Bronquard.

3 juin 1649. — Claudine Louvet, d'Arbois.

4 oct. 1649. — Jeanne - Philiberte   Monnier,
              d'Arinthod.

4 juillet 1650. — Clauda Poncet.

1er nov. 1651. — Claudine Dard, de Gy.

8 sept. 1652. — Gilberte Charles, de Salins.

11 mai 1653. — Claire Cussemenet, de Dour-
              non.

8 nov. 1654. — Marguerite Huguenet, de Sa-
              lins.

8 déc. 1654. — Jeanne-Madeleine Darçon, de
              Salins.

21 fév. 1655. — Jeanne-Marguerite Patouillet.

13 juillet 1656. — Anne Fromont, de Poligny.

21 janv. 1659. — Catherine-Philiberte de Grain.

8 sep. 1660. — Jeanne-Antoine d'Olivet.

12 déc. 1660. — Etienne Huguenet, de Salins.

2 avril 1664. — Claudine Darçon.

2 nov. 1664. — Jeanne-Elisabeth Largeot.

13 mars 1665. — Jeanne-Suzanne Alix, de Sa-
              lins.

16 fév. 1666. — Jeanne-Claudine Guillon, de
         Salins.
18 fév. 1666. — Anne Vuillerez, de Besançon.
10 mai 1667. — Marguerite Déternod.
29 juillet 1668. — Jeanne Rolier.
23 fév. 1670. — Claude-Françoise Largeot, de
         Dole.
20 mai 1670. — Claudine Magnin, de Salins.
6 oct. 1675. — Madeleine d'Olivet, de Salins.
7 avril 1676. — Philiberte Grusignot.
31 juillet 1678. — Christine Richardet.
2 août 1678. — Marie-Angélique-Thérèse de ·
         Malpas.
13 août 1680. — Anne-Anatoile Mathieu.
9 fév. 1681. — Jeanne-Henriette Gremaux.
16 mai 1681. — Adrienne de Vy, fille de géné-
         reux seigneur Marc de Vy,
         seigneur d'Oirieu, Ecuelle,
         Acolan, Cole, le Bourgeaux,
         Visen, Pannessière, Louve-
         rot et Dame Françoise de
         Poligny ; vefve de Généreux
         seigneur mée Nicolas-Louis
         de Gierchey, de Grozon,
         chevalier et seigneur d'An-
         delot, Vuillafans, Château-
         moullaux, Champagne, etc.
1ᵉʳ août 1683. — Anne-Madeleine-Etiennette
         d'Olivet.
30 avril 1684. — Claude-Elisabeth de Vaudrey,
         fille de seigneur Antoine
         de Vaudrey et de dame
         Adrienne de Beaujeu.

10 avril 1687. — Anne-Geneviève de Malpas.

21 sept. 1687. — Madeleine Conte, de Salins.

  id.   — Claude-Françoise Conte.

23 avril 1690. — Marie-Elisabeth de Ste-Anne,
        fille de noble Hugues-Fran-
        çois Paternay, seigneur du
        Fied et de Voras.

30 avril 1690. — Anne-Marguerite Girard, de
        Salins.

10 juin 1691. — Jeanne-Françoise Valey, fille
        de noble Augustin Valey.

 9 déc. 1691. — Suzanne Girard, de Salins.

14 fév. 1692. — Jeanne-Hélène de Vaudrey,
        dame et professe en l'abbaye
        de Migette, où elle resta
        cinq ans.

19 juin 1692. — Anne-Madeleine Mignot, fille
        de noble Jean-Claude Mi-
        gnot.

12 déc. 1694. — Marguerite Salomon.

13 sept. 1695. — Claudine-Gabrielle Huguenet.

12 fév. 1696. — Marie-Bénigne Paclet.

16 fév. 1697. — Jeanne-Ursule Fontaine, de
        Salins.

 2 mai 1697. — Etiennette Bidault, de Salins.

 3 fév. 1699. — Marie-Thérèse Paternay.

16 mai 1701. — Marie Jacques, de Salins.

21 fév. 1702. — Claudine-Marie de Chavanne,
        fille de noble Hierôme Bou-
        techoux de Chavanne, es-
        cuyer de seigneur de Mon-
        tigny Vilette, et de dame
        Jeanne de Lapie.

4 juillet 1702. — Claudine-Françoise-Gabrielle
de Poligny, fille de géné-
reux et illustre seigneur
François de Poligny, sei-
gneur d'Augéal, Esvent,
Parcey, et de dame Claudine-
Etienne-Jacques, dame de
Nans-sous-Sainte-Anne.

18 juillet 1702. — Claudine-Bénigne Boy, fille de
noble Antoine Boy, sei-
gneur de Sambief et de
Chemain et de dame Fran-
çoise Peitrey de Champvans.

20 mars 1706. — Jeanne-Catherine Lonchant.

22 avril 1706. — Jeanne-Françoise Pourey, de
Salins.

10 avril 1709. — Pierrette-Bernardine Huguenet.

18 avril 1709. — Suzanne-Françoise Perrey,
fille de noble Claude Fran-
çois Perrey, et de dame
Jeannette François.

5 avril 1710. — Marie-Thérèse François.

5 avril 1710. — Antoinette-Gabrielle de Germigney, fille de noble Jac-
ques François de Germigney
et de dame Bonaventure
de St-Mauris.

15 avril 1711. — Marie-Denise Marchand.

20 mars 1715. — Jeanne-Baptiste Bouzon.

30 avril 1715. — Marie-Alexandre de Germigney.

1er mars 1716. — Jeanne-Marie Vuillermet, de
    Chaussin.

22 sept. 1716. — Jeanne-Charlotte Guillet, de
    Grand-Noir.

7 fév. 1717. — Claudine Gressignot, de Po-
    ligny, fille de Claude Gres-
    signot et de Catherine Si-
    monin, de Mantry.

3 avril 1718. — Marie-Charlotte Magnin, de
    Salins.

1er nov. 1718. — Marie-Claire de Poligny.

26 oct. 1719. — Pierrotte Valley.

30 avril 1720. — Marie-Thérèse d'Udressier.

15 sept. 1720. — Anne-Françoise de Reculot.

29 sept. 1720. — Gabrielle-Nicolle de Flamme-
    rans, fille de généreux sei-
    gneur Gabriel-Joseph de
    Montrichard Flammerans et
    de dame Françoise-Adrienne
    de Montrichard.

7 nov. 1720. — Suzanne Meuraux de Chalins.

15 oct. 1722. — Thérèse Fèvre.

10 sept. 1724. — Marie-Philiberte Guillet, de
    Peseux.

15 oct. 1727. — Louise-Thérèse-Suzanne de
    Moréal, de Moissey.

11 nov. 1727. — Philippe-Sophie de Bancenel.

9 sept. 1728. — Anne-Elisabeth-Gabrielle Jo-
    quard, fille de noble Claude-
    François Joquard, seigneur
    d'Amoire, de Bellechemin,
    conseiller au souv. Parle-

ment de Besançon et de dame Jeanne-Elisabeth de Saubief.

22 juillet 1732. — Anne-Marie-Thérèse Lornet, de Vesoul.

15 août 1733. — Marie-Anne-Henriette de Moréal.

12 mai 1735. — Etienne-Françoise Richard de Villervandey.

11 oct. 1735. — Marie-Bonaventure Jaquard, d'Amoire.

14 janv. 1740. — Jeanne-Alexis de Bargedé, fille de Nicolas-Edme de Bargedé, écuyer, commissaire ordinaire d'artillerie, et de dame Anne-Bonaventure Pourtier d'Aiglepierre.

19 avril 1740. — Jeanne-Françoise Monnier, de Boujeaille.

17 mai 1740. — Marie-Etiennette de Champagnole, fille du sieur Luc-François de Champagnole.

2 oct. 1740. — Claudinette Monniotte.

11 sept. 1742. — Marie-Henriette Charles.

28 avril 1756. — Anne-Charlotte de Guyod, de Maiche.

27 fév. 1757. — Marie-Aimé Michel, de Mignovillard.

24 avril 1757. — Philiberthe Berthod.

5 juin 1764. — Louise-Françoise-Hélène Arbilleur.

17 fév. 1765. — Marie-Pierrette Grand-Perrin, de Molain.

20 juin 1769. — Marie-Etienne Gagneur, de Molain.

6 déc. 1770. — Anne-Françoise Pellechet, d'Arbois.

16 fév. 1773. — Jeanne-Charlotte-Flavie Parandier, de Pontarlier.

9 nov. 1775. — Jeanne-Françoise Marlet, d'Ornans.

27 avril 1777. — Jeanne-Baptiste-Catherine Rondot.

30 oct. 1777. — Marie-Amable Rousseau, de Mignovillard.

10 sept. 1780. — Jacques-Anne Goudot, d'Ornans.

17 fév. 1784. — Jeanne-Baptiste Febvre, de la Chapelle.

5 mars 1785. — Jeanne-Claire Cunchon.

29 oct. 1787. — Jeanne-Rose Bonguiot, de Salins.

20 avril 1788. — Jeanne-Françoise Bonguiot, de Salins.

8 mars 1789. — Anne-Claude Dussan, de Magny-Vernais.

23 août 1790. — Sépulture de S. M. Thérèse Gabrielle de St-Joseph de Moréal, de Moissey.

Imprimatur ✝ *C. J. ep. s. Claud.*

SALINS, IMPRIMERIE LÉON BOUVIER

PLAN D'ÉLÉVATION
Du Monastère et de l'Église des Dames Religieuses Tiercelines de Salins.

PLAN

Des bâtiments cours et jardins des ci-devant TIERCELINES de Salins compris en l'article 1ᵉʳ du 189ᵉ tableau des biens nationaux vendus au district d'Arbois, le 18 novembre 1792, et adjugés aux citoyens Jean-Claude Bouvier, Michel Belle, Denis Baud, et Jean-Denis Cantau, dudit Salins, pour la somme de huit mille soixante et quinze livres, payées en assignats. — Ledit plan levé par le soussigné entrepreneur de bâtiments à Salins, expert nommé conjointement avec Jacques Lamy, charpentier, à l'effet de diviser lesdites maisons, jardins et dépendances en 15 portions égales.

Fait et arrêté à Salins le 18 février 1793, le second de la République française.

PELLETIER, JACQUES LAMY.

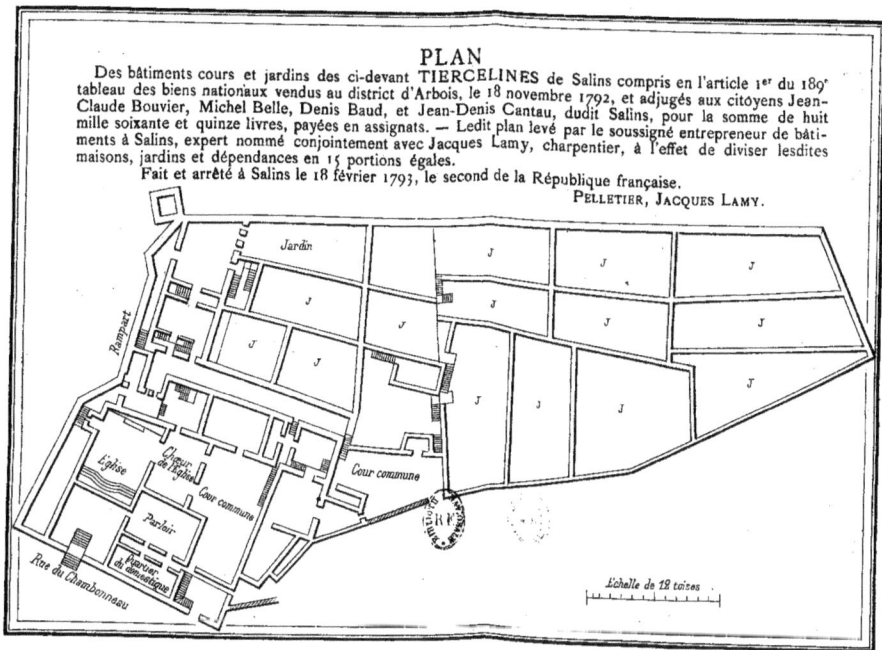

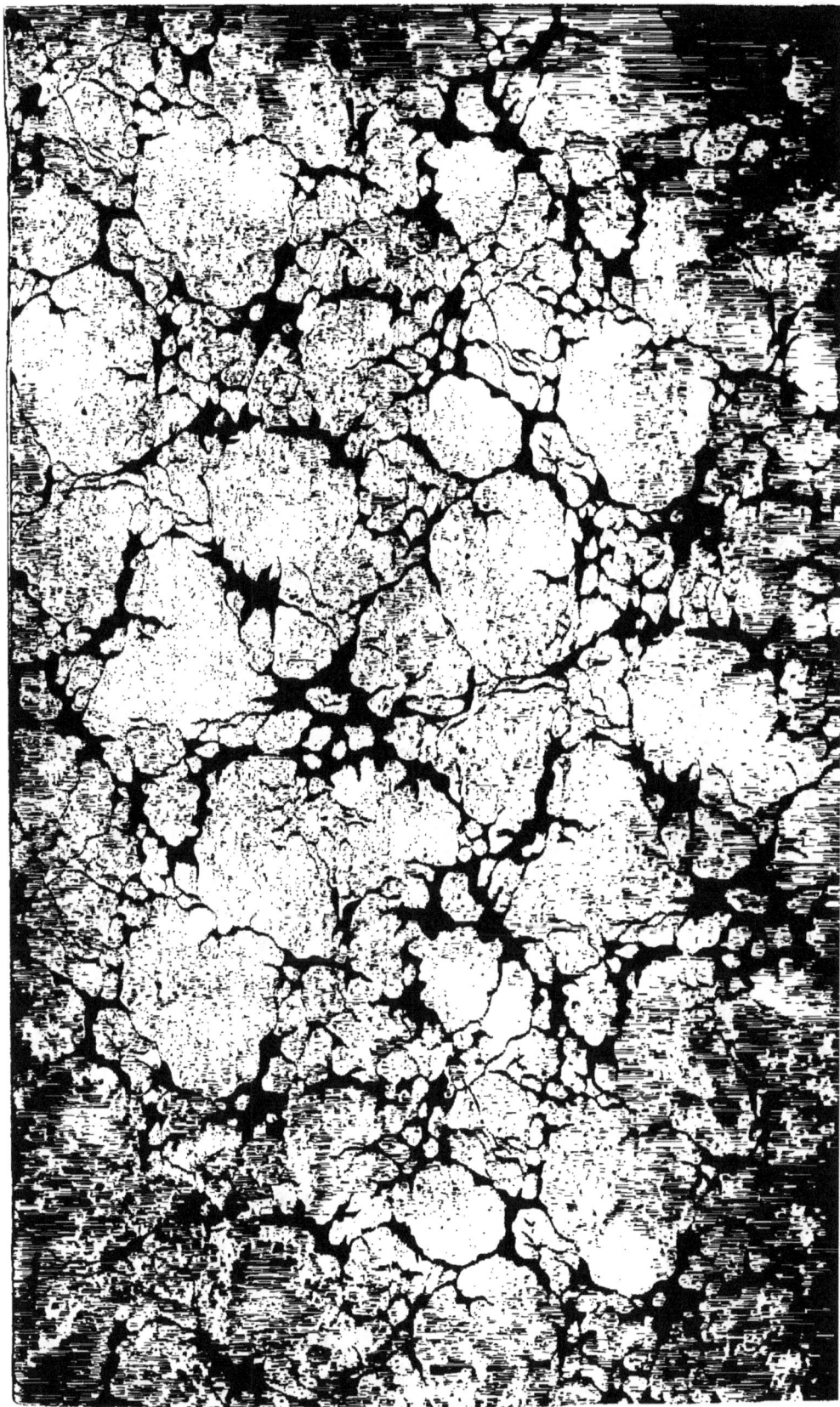

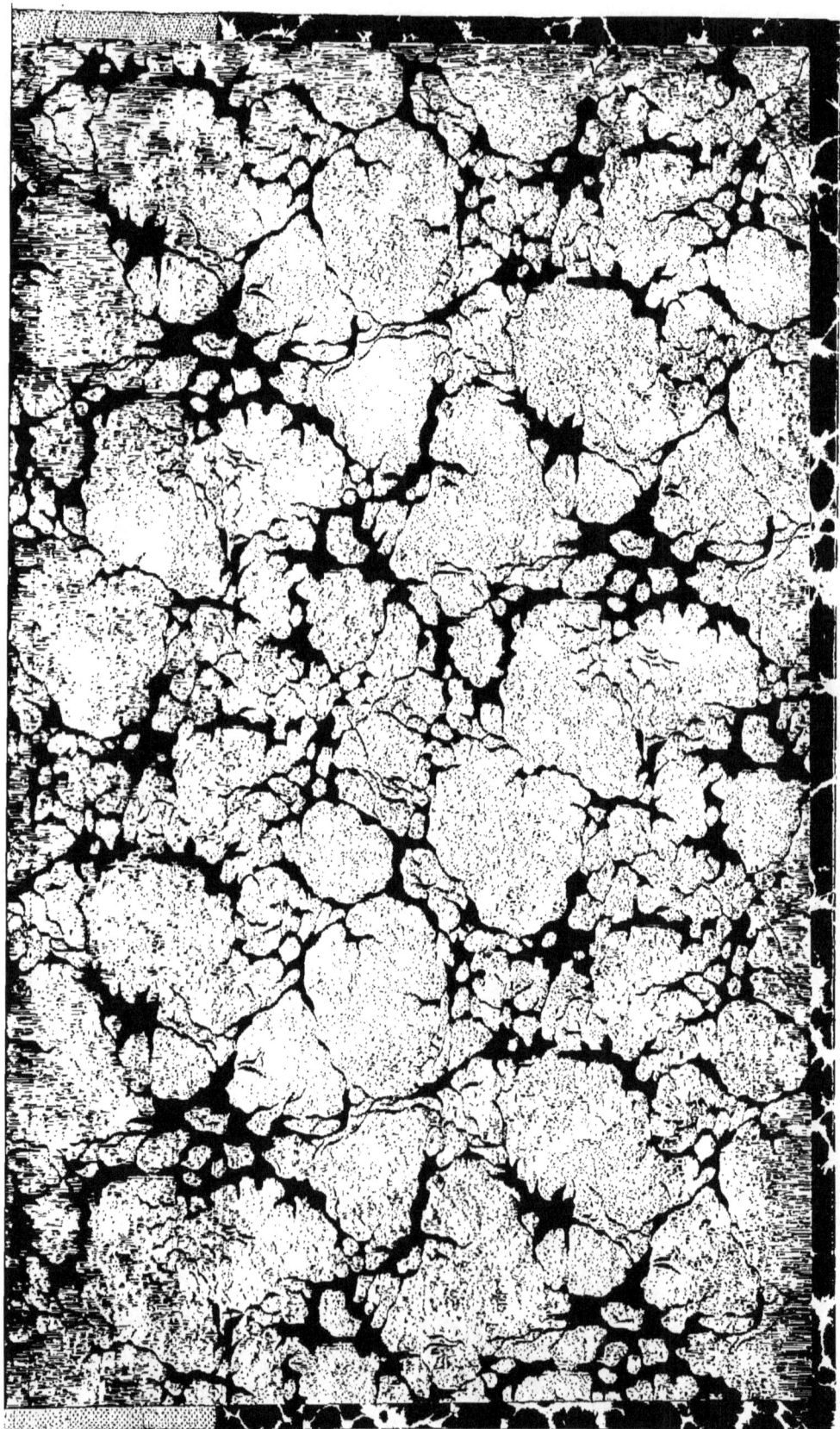

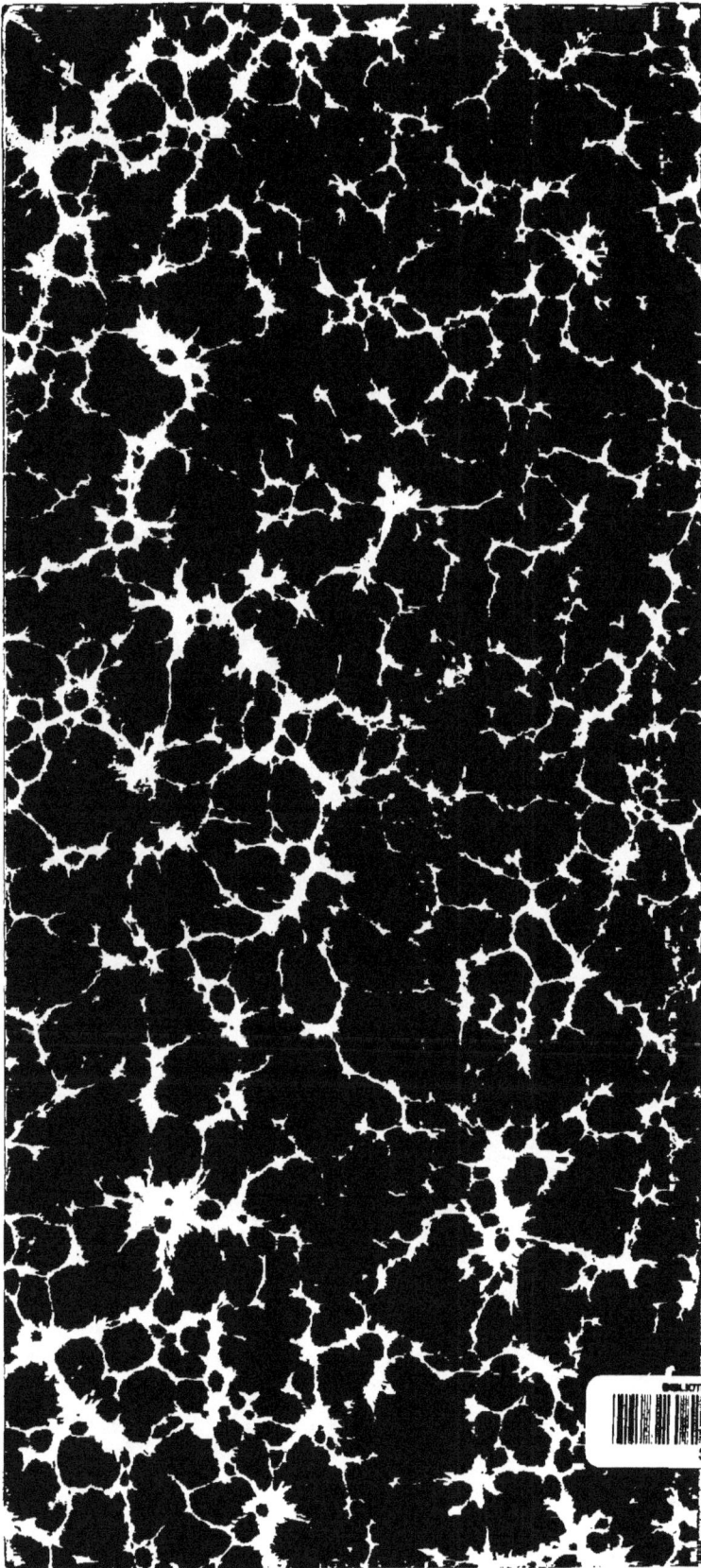